KB205940

광야에서 온 편지

광야에서 온 편지

첫판 1쇄 2021년 3월 15일

지은이 네게브 야하드
펴낸이 김은옥
디자인 한영애
펴낸곳 올리브북스

주소 인천시 부평구 부평대로 153
전화 032-233-2427
이메일 olivebooks@naver.com
블로그 blog.naver.com/olivebooks
인스타그램 instagram.com/olivebooks_publisher

출판등록 제387-2007-00012호(2007년 5월 21일)

ISBN 978-89-94035-47-5 (03230)

세상은 행동하는 사람에 의해 움직입니다. 소중한 경험, 따뜻한 시선을 가진 원고, 참신한 기획의 소재가 있으신 분은 올리브북스와 의논해 주십시오. 그 원고가 세상의 소금과 빛이 될 수 있도록, 최고의 책으로 빛날 수 있도록 정성을 다하겠습니다.

총판 기독교출판유통 | 031-906-9191(전화), 0505-365-9191(팩스)

광야에서 온 편지

광야를 걷는 이에게
보내는
영혼의 메시지

네게브 야하드 지음

영원을 향한 동행에 초대합니다

광야는 하나님이 말씀하시는 곳입니다.
모세는 광야에서 하나님을 대면하였고
다윗은 광야에서 하나님과 함께하였습니다.

광야를 통과하지 않은 지도자 모세를 생각할 수 없고
광야를 통과하지 않은 하나님의 사람 다윗을 생각할 수 없듯이
우리에게 광야가 없으면
광야에서 말씀하시는 하나님을 알지 못합니다.

예수님도 광야에서 시험받으셨습니다.
이처럼 광야는
고난과 시험, 성숙과 정결함을 통해
하나님을 참으로 듣고 보고 느낄 수 있는
놀라운 현장입니다.

바람과 모래

때로는 적막과 휘몰아치는 광풍 속에서

말씀하시는 분의 세미한 음성을 들을 수 있습니다.

광야의 소리에, 영원을 향한 동행에 여러분을 초대합니다.

이스라엘 네게브 광야에서

차례

영원을 향한 동행에 초대합니다 4

PART 1

01 영원 Eternity 10
02 성령으로 난 사람 16
03 우주의 소리 21
04 뜻밖에 그날이 26
05 참된 예배자(1) 30
06 참된 예배자(2) 35
07 목마름 40
08 섞지 마라 45
09 믿음의 순도 The purity of faith 50
10 하나님을 아는 복 55
11 안식 60
12 하나님의 마음 65
13 열매 맺는 삶 70
14 쓴 뿌리와 미혹 74
15 말씀의 빛 78
16 남은 시간 82
17 완성된 퍼즐 86
18 자다가 깰 때 90
19 성령을 따라 행할 때 95
20 돌아오라 100

참 된 예 배 자

PART 2

푯
대
를

향
하
여

21 동행 同行 108

22 주파수 맞추기 112

23 회개의 축복 116

24 신의 성품에 참여하는 자 121

25 가데스바네아 125

26 푯대를 향하여 130

27 주께로 돌이키소서 134

28 뉴 노멀 New Normal 139

29 언택트 Untact 144

30 길을 내는 사람들 149

31 말씀을 지킬 때 154

32 오직 성령으로 159

33 우리는 주님의 것 163

34 질그릇 167

35 목자와 양 171

36 진짜 죄인입니까? 175

37 오직 말씀으로 179

38 말씀을 따라가면(1) 184

39 말씀을 따라가면(2) 189

40 말씀을 따라가면(3) 194

Part 1

참
된

예
배
자

영원 Eternity

| 하나님이 모든 것을 지으시되 때를 따라 아름답게 하셨고 또 사람들에게는 영원을 사모하는 마음을 주셨느니라 전도서 3:11

역사 history 는 살아 계시고 영원하신 하나님의 이야기입니다. 그분의 말씀은 엄중하고 한번 하신 말씀은 영원합니다. 그 영원하신 존재 안에서 유한한 인간은 태어나서 인생을 살다가 때가 되면 죽습니다. 유한한 인간에 의해 형성된 나라들도 이 땅에 세워졌다가 무너지고 세워졌다가 무너집니다. 이 땅에서 우리 눈에 보이고, 만질 수 있고, 그것으로 살아가는 모든 것은 종국에는 다 사라집니다. 우리의 육체도 그렇습니다. 그런데 우리의 영혼은 그렇지 않습니다. 영혼은 영원히 존재합니다.

성경은 영원을 보여 주는 무대이고, 자연은 그 무대장

치이며 인간은 등장인물입니다. 성경의 배경은 영원이고 창세 전부터 시작해서 영생과 영벌로 끝납니다. 태초에 하나님이 등장하셔서 만물을 창조하신 이가 누구인지를 나타내셨고, 에덴동산에서 아담과 하와에게 자신을 계시하시고 죄에 대하여 가르치셨습니다. 그리고 하나님의 공의로 인간에게 자유의지를 주셨습니다. 하나님의 공의는 반드시 심판을 수반합니다. 자유의지는 분명히 하나님의 선물입니다. 우리는 자유의지를 작동하여 상급을 쌓아갑니다. 동일하게 자유의지를 통해 악도 충만해집니다.

그런데 이 땅은 왜 선보다 악이 갈수록 창궐하는 것일까요? 악은 땅에 남고 선은 하늘에 영원히 보존되기 때문입니다. 사람들은 각자 자기들이 심은 대로, 행한 대로 천국과 지옥으로 갑니다. 선한 사람은 하나님에게 속했기 때문에 하나님께 올려져 영원한 기념이 되고, 악한 사람은 그들이 행한 대로 소멸하는 지옥에 이르고 그 결과물은 이 땅에 남는 것입니다.

이제 하늘과 땅은 그 동일한 말씀으로 불사르기 위하여 보호하신 바 되어 경건하지 아니한 사람들의 심판과 멸망의 날까지 보존하여 두신 것이니라(베드로후서 3:7).

성경은 악의 영들이 있는 '둘째 하늘'(에베소서 6:12, 요한계시록 12:8-9)에 대해 말합니다. 이 땅은 둘째 하늘의 지배를 받습니다. 그래서 하나님께서 하늘이 두루마리처럼 사라질 것이라고 말씀하신 것입니다(이사야 34:1-8, 요한계시록 6:14). 하늘이 두루마리처럼 사라질 때, 이 땅에 존재하는 것은 사라짐과 동시에 영원한 곳으로 들어가게 됩니다. 이 땅에 한 번 나온 것은 그것이 무엇이든 사라지지 않고 영원한 것이 됩니다. 그런데 사람들은 "하나님은 죽은 자의 하나님이 아니요 살아 있는 자의 하나님이시라"(마태복음 22:32)고 주님이 말씀하셨는데도 불구하고 하나님에 대해 관심이 없기 때문에 말씀에 유념하지 않습니다. 세상이 전부인 줄 알고 곧 사라질 것들에, 불타 없어질 것들에, 영벌로 들어갈 것들에 유한한 시간과 생명을 쏟아붓고 있습니다.

컴퓨터, 스마트폰, 모든 사물인터넷 IoT : Internet of Things. 사물을 유·무선 통신망으로 연결하고 센서에서 발생하는 실시간 데이터를 사람의 개입 없이 인터넷으로 주고받는 환경이다을 통해 얻은 정보는 영원합니다. 인터넷 상에 올린 기록과 사진을 모두 삭제해도 흔적은 남습니다. 그래서 인터넷에서 저장 공간을 '클라우드cloud, 구름' 라고 표현하는 것입니다. 인터넷에서 검색한 사이트나 사진, 동영상에 대한 데이터와 개인 정보는 클라우드 상에 남게 됩니다. 우리가 제공한 개인 정보는 임의로 쉽게 지울 수도 없고 쉽게 노출될 수 있습니다.

요즘은 휴대전화 하나로 모든 것이 가능합니다. 은행 업무, 쇼핑, 영화 등 다양한 것을 할 수 있습니다. 이런 휴대전화를 분실하면 큰일 나는 세상입니다. 제4차 산업혁명에서는 전자칩을 사람에게 심는 다양한 연구가 이루어지고 있습니다. 영화에서 보던 일들이 실제가 되는 것입니다. 우리는 마지막 때가 되면 이런 일들이 일어날 것을 예상합니다. 그런데 왜 우리의 의식은 변하지 않는 걸까요?

그것은 하나님 말씀대로 살지 않기 때문입니다. 주님은 "내가 곧 길이요 진리요 생명이니 나로 말미암지 않고는 아버지께로 올 자가 없다"(요한복음 14:6)고 말씀하셨습니다. 하나님은 우리에게 생명과 복과 사망과 화에 대하여, 상급과 심판에 대하여, 영생으로 가는 길에 대하여 알려 주시고, 독생자의 죽음을 통해 하나님 만나는 길을 내주셨습니다. 그러나 우리는 하나님 말씀이 우리의 욕망을 거스르면 아니라고 부정합니다. 우리는 우리의 안전을 위협하거나 어떤 사상을 퍼뜨리는 사람을 공동체에서, 무리에서 쫓아내고 자기들만의 성역을 만들려고 합니다. 주님은 그것이 교단이며 교리며 소위 우리가 말하는 신학이라고 말씀합니다.

그러나 분명히 알아야 합니다. 오직 하나님의 말씀이 우리를 심판할 것이며, 그 심판은 영원합니다. 하나님으로부터 오지 않은 모든 것, 하나님으로 말미암지 않은 모든 것은 드러 날이 반드시 옵니다. 그때 각종 물고기로 가득한 그물을 물가로 끌어내어 좋은 것은 그릇에 담고 좋지 않은 것은 내버리는 일이 있을 것입니다(마태복음 13:47-50).

자유의지는 좋은 것이지만, 영원을 결정하기에 두려운 것입니다. 자유의지를 가지고 사탄에게 종속되면 다시는 구속의 기회가 없습니다. 자유의지를 가진 우리는 절대 사탄이 제공하는 거짓 생명에 무릎 꿇으면 안 됩니다. 이것은 변개함이 없으신 하나님의 영원한 뜻이며, 오늘 우리에게 이 말씀을 하시는 것은 그날이 준비되고 있기 때문입니다. 그렇다면 영원한 존재인 인간이 무엇을 붙잡고 사는 것이 지혜입니까? 어떻게 영원을 위한 삶을 살 수 있습니까?

그러므로 누구든지 나의 이 말을 듣고 행하는 자는 그 집을 반석 위에 지은 지혜로운 사람 같으리니 비가 내리고 창수가 나고 바람이 불어 그 집에 부딪치되 무너지지 아니하나니 이는 주초를 반석 위에 놓은 까닭이요(마태복음 7:24-25).

02

성령으로 난 사람

> 하나님이 보내신 이는 하나님의 말씀을 하나니 이는 하나님이 성령
> 을 한량 없이 주심이니라 요한복음 3:34

요한복음 3장에 나오는 니고데모는 바리새인으로 이스라엘의 선생이며 산헤드린 공회원입니다. 그는 예수님이 행하시는 표적을 보고 하나님께서 보내신 사람이라는 것을 알았습니다. 그러나 "사람이 거듭나지 않으면 하나님 나라를 볼 수 없다"는 예수님의 말씀이 너무 당황스러웠습니다. 내가 이렇게 늙었는데 어찌 다시 날 수 있는가? 모태에 다시 들어갔다가 나온다는 것인가? 예수님께서 "바람이 임의로 불매 그 소리는 들을 수 있지만, 그 바람이 어디서 와서 어디로 가는지는 알지 못한다. 성령으로 난 사람도 다 그러하다"라고 말씀하자 니고데모는 점점 더 이해하기 어려웠

습니다.

하나님은 자기를 사랑하는 자들을 위해 예비하신 모든 것을 성령으로 보이셨습니다(고린도전서 2:9-10). 그래서 성령이 아니고는 하나님 나라를 볼 수도, 하나님께서 우리에게 은혜로 주신 것들을 알 수도, 하나님이 우리 안에 거하시는 것도 알 수 없습니다. 니고데모는 육에 속했기 때문에 하나님 나라를 볼 수도, 알 수도 없었습니다. 주님은 세상 끝의 징조에 대해 말씀하실 때, "너희가 사람의 미혹을 받지 않도록 주의하라"(마태복음 24:4)고 하셨습니다. 이 세상은 인간의 범죄로 인해 마귀에게 넘겨졌고(누가복음 4:6), 거짓의 아비 마귀가 이 세상의 신이기 때문에 이 세상의 터는 거짓입니다. 거짓과 불법이 충만한 이 세대 가운데서 우리를 하나님 나라로 안전하게 인도해 주실 분은 진리의 영이신 성령님밖에 없습니다.

이스라엘은 세상의 종말과 주님의 재림에 대한 하나님의 신호sign 입니다. 그것은 므두셀라가 노아 홍수의 신호였던 것과 같습니다. 하나님은 이를 므두셀라가 태어났을 때 에녹에게 알게 하셨습니다. "이 아이가 죽을 때 내가 세상을 심판하겠다." 이 말씀이 므두셀라의 의미입니다. 에녹은 하나님의 말씀을 믿었고, 그때부터 969년 후에 있을 심판을 선포하며 3백 년 동안 하나님과 동행했습니다. 므두셀라가 969세를 살고 죽었을 때, 곧 노아 나이 600세에 하나님은 말씀하신 대로 홍수로 세상을 심판하셨습니다.

예수님은 "이스라엘 나라가 회복되면 그 세대가 지나가기 전에 내가 온다"고 말씀하셨습니다(마태복음 24:32-34). 우리가 이 말씀을 에녹처럼 하나님의 말씀으로 듣는다면 우리는 안일하게 살 수 없습니다. 우리가 참으로 예수님을 믿는다면 이스라엘이 회복된 세대에 사는 우리는 창세기부터 요한계시록까지 하나님께서 하신 말씀을 역사 속에서 어떻게 이루셨는지를 낱낱이 확인해야 할 것입니다. 기록된 말씀대로 역사가 진행되어 왔다면 이제는 남은 시간을 어떻게 살아야 할지를 결정하고 결단해야 합니다. 지금 이 순간에도 머릿속으로 '신학자들은, 세상 역사가들은 그렇게 말하지 않는데…'라고 생각하는 분들에게 성경은 이렇게 말합니다.

선지자의 글에 그들이 다 하나님의 가르치심을 받으리라 기록되었은즉 아버지께 듣고 배운 사람마다 내게로 오느니라(요한복음 6:45).

광야는 하나님이 말씀하시는 곳입니다. 네게브 광야는 출애굽 한 이스라엘 백성이 지나간 후 수천 년 동안 태고의 신비 속에 있었습니다. 그리고 하나님의 때가 되었을 때, 하나님께서 광야를 여셨습니다. 수천 년 동안 황폐한 채로 버려져 있던 광야에 사람들이 찾아오기 시작했고, 길이 나기 시작했고, 도시들이 일어날 때 하나님께서는 네게브 야하드(이스라엘 네게브 땅에서 스파라드 유대인의 귀환과 정착을 위한 사역 단체)를 부르셔서 광야에서 예배하게 하셨습니다.

영적으로 청정 지역인 광야에서 우리는 하나님을 겸손하게 구할 때 어려움 없이, 방해 없이 그분에게 나아갈 수 있습니다. 하나님의 임재 안에서 드리는 예배 가운데 하나님의 거룩하심과 영광과 아름다움을 볼 것입니다, 하나님 나라의 위대함과 영원함을 볼 것입니다, 그리고 그 나라가 오고 있는 것을 볼 것입니다.

성령으로 난 사람은 집 떠난 아이가 아버지의 집을 사모하듯이 간절하게 하나님 나라를 사모합니다. 지금 그 나라가 오고 있는 것을 알면서 잠시 잠깐 후에 없어질 이 땅에 올인하는 사람은 없을 것입니다. 이것이 이 세대를 향한 하나님의 신호 이스라엘입니다. 지금이야말로 각자의 가장 귀한 옥합을 깨뜨려 주님께 헌신해야 할 때입니다.

03

우주의 소리

> 창세로부터 그의 보이지 아니하는 것들 곧 그의 영원하신 능력과
> 신성이 그가 만드신 만물에 분명히 보여 알려졌나니 그러므로 그들
> 이 핑계하지 못할지니라 로마서 1:20

인류의 역사만큼 오래된 질문이 있습니다. "이 우주에는 지구인만 존재할까? 과연 외계 생명체는 있을까? 태양계는 거대한 은하의 일부이고, 우주에 수많은 은하가 존재한다면 거대한 우주 어딘가에 생명체가 존재하지 않을까?"

이 질문에 대한 해답을 찾기 위해 생명체의 기원을 있게 한 지적기술자와 외계 생명체와 기술의 흔적을 찾고 탐색하는 연구소 'SETI Search for Extra Terrestrial Intelligence'가 있습니다. 그들은 지난 36년 동안 방대한 양의 데이터-우주에서 들어오는 모든 전파 신호-를 수집했고, 이제 AI Artificial

Intelligence. 인공지능가 데이터를 분석해서 우주 어딘가에 있을 외계 생명체를 밝혀내는 작업을 진행하고 있습니다.

요한계시록 12장에는 천상에서 일어나는 일들이 기록되어 있습니다. 첫 번째 사건은 마귀가 만국을 철장으로 다스릴 남자, 곧 메시아가 태어나면 삼키려고 하지만, 그 아이가 하나님의 보좌 앞으로 올라가므로 뜻을 이루지 못한 이야기입니다. 두 번째는 하늘에 있는 전쟁-미가엘과 그의 사자들 대 마귀와 그의 사자들-에서 진 마귀가 하늘에서 있을 곳을 얻지 못하고 그의 사자들과 함께 땅으로 내쫓기는 이야기입니다. 예수님의 초림을 막지 못한 마귀가 지난 2천 년 동안 하늘에서 온갖 악을 주도하다가 때가 되면 땅으로 내쫓길 것이고, 자기의 때가 얼마 남지 않음을 알고 크게 분 내어 세상에 내려갔기 때문에 땅에 화가 있을 것이라는 말씀입니다.

성경은 바울 사도와 요한 사도가 올라갔던 '셋째 하늘'(천국)과 하나님 앞에서 쫓겨난 마귀와 악한 영들이 있는 '둘째 하늘'(에베소서 6:12, 다니엘 10:13)에 대해 말합니다. 우리가 성경을 믿는다면 '삼층천'과 '이층천'도 우리가 사는 '첫째 하늘'처럼 분명히 존재한다는 것을 인정해야 합니다.

그리고 삼층천과 이층천이 실재하는 장소라면 움직이는 물체가 존재하는 곳에는 반드시 전파가 발생하기 때문에 과학자들이 모든 지식과 기술을 동원해서 전파를 발생하는 미지의 별을 추적할 수 있는 것입니다.

문제는 피조물인 인간이 창조주의 영역에 도전한다는 것입니다. 그분의 영원하신 능력과 신성이 그분이 만드신 만물에 분명히 보여 알려졌음에도 인간이 하나님을 예배하는 것이 아니라 오히려 마음이 높아져서 신의 영역에 도전하겠다는 것입니다. 하늘에 올라가 하나님의 뭇 별 위에 자리를 높이고 하나님과 같아지겠다는 것입니다. 그런 자들에 대해 성경은 말합니다.

> 그러나 이제 네가 스올 곧 구덩이 맨 밑에 떨어짐을 당하리로다(이사야 14:15).

예수님의 말씀대로라면 인류에게는 그리 많은 시간이 주어지지 않았습니다(마태복음 24:32-34). 마귀도 하늘에서 쫓겨날 날이 가까웠음을 알고 세상의 최고 두뇌들을 총동원하여 무저갱을 면하고 영생하려고 '초지능'을 주고 쉬지 않고 연구하게 합니다. AI와 4차 산업혁명을 주도하는 그룹(세력)의 최종 목적은 유한한 인간을 초과학적 방법으로 죽지 않는 존재로 만드는 것입니다. 이것은 하나님의 창조와 심판에 대항하는 것으로 창세기에 기록된 생명나무 열매를 따 먹고 영생하려는 것입니다. 세상은 다가온 종말의 때를 알고 긴박하게 움직이고 있는데 왜 우리는 그 긴박함을 피부로 느끼지 못하는 걸까요?

오늘날 믿는 사람들의 치명적인 문제는 '교회 잘 다니다 천국 가면 되지. 뭐가 더 필요해'라는 안일한 확신입니다. 구원을 귀히 여기지도 않고, '두렵고 떨리는 마음으로 구원을 이루어야 한다'는 말씀을 심각하게 받아들이지도 않습니다. 마귀는 그리스도인을 절대 내버려 두지 않습니다. 자기를 지키며 구원의 완성을 위해 믿음의 선한 싸움을 하지 않으면 누가 우리의 구원을 지켜주겠습니까?

왜 주님께서는 "청함을 받은 자는 많되 택함을 입은 자는 적다"라고 말씀하셨을까요? 세상도 온갖 지식과 기술을 총동원하여 영원한 형벌을 면하려고 발버둥치고 있습니다. 하나님의 자녀인 우리는 더욱더 영적 긴장감을 가지고 선악을 분별하며 이 땅의 삶을 살아야 합니다. 우주의 소리

에는 천국에서 오는 소리도 있을지 모릅니다. 왜냐하면 천
국은 실존하니까요.

04

뜻밖에 그날이

> 보라 그 날 곧 내가 유다와 예루살렘 가운데에서 사로잡힌 자를 돌아오게 할 그 때에 내가 만국을 모아 데리고 여호사밧 골짜기에 내려가서 내 백성 곧 내 기업인 이스라엘을 위하여 거기에서 그들을 심문하리니 요엘 3:1-2

전염병을 소재로 한 영화를 보면, 어느 날 갑자기 수많이 사람이 대책 없이 죽고, 죽은 사람들의 시신을 태우는 연기가 온 도시를 뒤덮습니다. 한쪽에서는 환자를 돌보는 의료진들의 헌신적인 활동과 다른 한쪽에서는 전염병의 원인을 찾기 위한 숨 가쁜 노력이 배후 세력의 위협 속에서 아슬아슬하게 진행됩니다. 온갖 역경을 이겨내고 각고의 노력 끝에 치료제를 만들어서 죽어가는 사람들의 생명을 살리고 도시와 주민들은 다시 평화로운 일상을 되찾는 것으로 영화는 끝이 납니다.

영화와는 달리 의술이 발달한 21세기에도 바이러스와의 전쟁은 몇 달 만에 끝나지 않았습니다. 코로나바이러스로 인해 나라들이 문을 닫고, 주가는 폭락하고, 도시들은 봉쇄되었습니다. 모든 행사가 중지되고, 예배당이 문을 닫고, 학교는 휴교 또는 비대면 수업으로 전환되었고, 회사는 재택근무 체제로 들어갔습니다. 한 치 앞을 예측할 수 없는 상황 속에서 세계 모든 나라가 휘청거리고 있습니다.

2009년에 발생한 신종 플루는 한 달 만에 전 세계로 확산되면서 세계보건기구WHO가 비상사태를 선포했고, 에볼라는 높은 치사율 때문에 두 번이나 비상사태를 선포했습니다. 매년 65만 명의 사망자를 내는 계절 인플루엔자와의 싸움이 끝이 없는 것은 바이러스의 변이 때문이라고 합니다. 온 세상이 바이러스로 인하여 피곤하고 곤고한 중에 우리의 몸과 영혼을 함께 멸하는 하나님의 심판 또한 가까이 오고 있다는 사실을 잊어서는 안 됩니다.

지금부터 약 2800년 전, 오바댜 선지자는 "예루살렘에서 사로잡혀서 스바랏(스페인)에 있는 자들은 네게브에 있는 성읍들을 유업으로 얻을 것이다"(오바댜 1:20)라는 예언을 했습니다. 그때는 유대인들이 포로로 끌려가고, 스페인에서 살게 될 줄은 상상조차 못했습니다. 그런데 그 일이 A.D. 70년에 실제로 일어났고, 로마에 의해 예루살렘이 멸망한 후 스페인으로 간 유대인의 후손들이 약 2천 년이 지난 지금, 그들의 족보를 가지고 조상들의 땅으로 돌아오려고 준비하고 있습니다. 아직 종교적인 문제로 이스라엘 법에 의해 그들의 귀환이 막혀 있지만, 하나님께서 인간들이 법과 제도로 막는다고 그 말씀을 성취하지 못하겠습니까?

그러나 두려운 것은 하나님의 땅을 나눈 일에 대하여 하나님께서 만국을 심판하실 것입니다. 그때가 바로 유다와 예루살렘 가운데에서 사로잡힌 자들, 곧 A.D. 70년 이후 스페인으로 들어간 유대인(스파라딤)의 후손들이 조상의 땅으로 돌아오는 지금 이 세대라는 것입니다(요엘 3:1-2).

우리는 피할 수 없는 선택의 귀로에 서 있습니다. 코로나바이러스는 재난의 시작일 뿐입니다. 하나님께서 반드시 일어날 일들이라고 말씀하신 요한계시록의 재앙들은 아직 시작되지도 않았습니다. 바이러스 정도로 세상이 요동치고 사람들의 마음이 혼란스럽다면, 계시록의 재앙들이 본격적으로 시작되는 그때에는 어떻게 되겠습니까? 넓은 길로 가

면 망하지만, 좁은 길로 가면 비록 그 길이 협착해도 구원
을 이룰 수 있습니다. 영원한 구원이 한순간의 안락이나 목
숨보다 중요합니다.

> 뜻밖에 그 날이 덫과 같이 너희에게 임하리라 이 날은 온 지
> 구상에 거하는 모든 사람에게 임하리라 이러므로 너희는
> 장차 올 이 모든 일을 능히 피하고 인자 앞에 서도록 항상
> 기도하며 깨어 있으라 하시니라(누가복음 21:34-36).

참된 예배자(1)

> 아버지께 참되게 예배하는 자들은 영과 진리로 예배할 때가 오나니
> 곧 이 때라 아버지께서는 자기에게 이렇게 예배하는 자들을 찾으시
> 느니라 하나님은 영이시니 예배하는 자가 영과 진리로 예배할지니라
>
> 요한복음 4:23-24

1938년 9월, 평양 서문밖교회에서 열린 조선예수교장로회 총회에서 마지막까지 신사참배를 거부하던 예장이 수용하면서 천주교를 비롯한 모든 기독교회는 솔선해서 신사참배에 나섰습니다. 7년 후, 한반도는 두 나라로 분단되었고, 북한 땅에 공산 정부가 들어서면서 곧바로 한국전쟁이 발발했습니다. 전쟁의 참상을 딛고 대한민국은 하나님의 특별한 은혜로 미국 다음으로 선교사를 많이 파송하는 선교 국가가 되었고, 세계열강들과 나란히 어깨를 겨루게 되

었습니다. 그러나 민족상잔의 참혹한 전쟁을 겪은 지 50년이 채 되기도 전에 한국 교회는 종교 다원주의를 수용하기 시작했습니다. 이제는 가장 보수적인 예수교장로회 합동 측에서도 세계종교연맹wEA을 포용해야 한다는 소리가 나오고 있습니다.

코로나19에 잘 대처한 한국은 전 세계가 칭찬하는 국가가 되었습니다. '한국을 배우라'는 소리가 많은 나라에서 터져 나오더니 지난 총선을 치르면서 한국은 '수준 높은 민주주의를 이룬 국가'라는 명예까지 덤으로 받았습니다. 그러나 우리는 알고 있습니다. 한국의 민주주의는 위기에 봉착했고, 대부분의 교회는 악한 길에서 떠나지 않았습니다. 그뿐만 아니라 하나님께로 돌이키지도 않았고 오히려 배도의 길로 가고 있습니다. 한국 교회를 향한 하나님의 뜻은 분명합니다. "너희가 내게로 돌아오지 않으면 나도 더 이상 너희에게 은혜를 베풀지 않겠다."

우리의 진짜 현실은 너무 암담하지만, 하나님은 영과 진리로 예배하는 자들을 찾으시고, 주님은 그때가 곧 이때라고 말씀하십니다. 영과 진리로 예배한다는 것은 무엇일까요? 영으로 예배한다는 것은 우리의 영이 영이신 하나님께 예배하는 것입니다. 일단 예배가 시작되면 그때부터는 내 마음이나 생각, 상황을 모두 내려놓고 오직 성령 안에서 하나님께 나아가야 합니다.

먼저 회개의 영을 성령께 구합니다. 내 생각으로 하는 것과 성령께서 주시는 회개가 다르다는 것을 경험하면 그때부터는 회개를 사모하게 됩니다. 그리고 성령께서 생각나게 하시는 것들을 진심으로 고백합니다. 찬양 시간에는 지금 내 앞에 주님이 계신 것처럼 영으로 임하신 그분을 영의 눈으로 바라보며 마음을 다해 찬양합니다. 주님과 찬양안에서 함께하는 기쁨은 무엇과도 비교할 수 없습니다. 실제로 세상과 나는 간 곳 없고 오직 구속한 주만 보이는 경험을 예배 가운데 체험하게 됩니다.

진리로 예배한다는 것은 말씀이신 하나님께 반응하는 것입니다. 그래서 설교를 들을 때는 결코 청중이 되면 안됩니다. 친구와 이야기하듯 여호와는 모세와 대면하여 말씀하셨습니다. 예수님도 수가성 여인을 일대일로 만나 주셨습니다. 주님과 대화를 주고받는 과정에서 수가성 여인은 그토록 찾아 헤맸던 인생의 해답을 발견했습니다.

우리는 설교 시간에 이렇게 하나님을 만나야 합니다.

설교가 시작되면 그때부터 예배당 안에는 말씀하시는 하나님과 오직 나만 있는 것입니다. 마치 눈과 눈을 마주 보며 대화하는 것처럼, 영이신 하나님이 하시는 말씀을 듣고 또 그 말씀에 영으로, 마음으로 반응하면서 함께하는 것입니다. 물론 이런 일은 하루아침에 되지는 않습니다. 주님을 사랑하면 만나기 위해 기도의 자리로 나아가고, 주님을 만나기 위해 말씀을 읽고, 그러면서 영과 진리로 예배하게 됩니다. 이것은 개인의 묵상 시간이든, 가정 예배든, 공예배든 상관없습니다.

하나님께 영과 진리로 예배할 때, 우리의 예배를 받으신 하나님은 반드시 우리를 회복하십니다. 수가성 여인처럼 예배를 통해 심령의 회복이 일어나면 우리가 붙잡고 있던 물동이-그것이 무엇이든-를 과감하게 던져버리고 자신뿐 아니라 세상도 바꾸는 삶을 살게 됩니다.

한국 교회는 심판이냐 회복이냐의 기로에 서 있습니다. 이제 우리와 우리 자녀가 사는 길은 하나님께서 찾으시는 예배자가 되는 것입니다. 이 땅에 참된 예배의 회복이 있기까지 우리 자신과 교회와 민족을 위해 성 무너진 데를 막아서서 통회하고 겸손한 영으로 회개하고 중보하는 삶을 사는 것입니다. 네게브 야하드의 모든 중보자가 하나님이 찾으시는, 나라와 세상을 바꾸는 참된 예배자가 되기를 소원합니다.

06

참된 예배자(2)

> 주의 빛과 주의 진리를 보내시어 나를 인도하시고 주의 거룩한 산
> 과 주께서 계시는 곳에 이르게 하소서 시편 43:3

우리가 영원토록 하나님께 드릴 예배는 "보좌에 앉으신 이 앞에 엎드려 세세토록 살아 계시는 이에게 경배하고 자기의 관을 보좌 앞에 드리며 이르되 우리 주 하나님이여 영광과 존귀와 권능을 받으시는 것이 합당하오니 주께서 만물을 지으신지라 만물이 주의 뜻대로 있었고 또 지으심을 받았나이다"(요한계시록 4:10-11)라고 하나님을 찬양하는 것입니다. 이 땅에 있는 모든 교회가 전심으로 기뻐하며 하나님을 찬양할 때, 하늘과 땅과 우주 만상이 함께 하나님께 영광을 돌리는 것입니다.

우리의 예배에 대해 주님은 이렇게 말씀하십니다. "교

회에 들어오면서부터 너희의 입은 인사하느라 쉬지 않는구나. 예배가 시작되었는데도 너희의 눈길은 여전히 부산하구나. 아무개 왔나, 안 왔나? 시작 기도를, 회개 기도를 하는 시간이지만 회개가 무엇인지 알지 못하는 너희는 늘 하던 대로 주문만 외우고 있으니 이때부터 내 집은 더러워지느니라. 찬양은 어떠한가? 내가 어찌 너희의 찬양을 받을 수 있겠는가. 손에 피가 가득한 자들이, 이 사이에 가증한 것이 낀 채로 자기를 위해 노래하니 내가 어찌 그 자리를 참겠느냐. 내가 떠난 그 자리에 나의 종들에게 절대 하면 안 된다고 못 박은 그 말 곧 '내 말을 가감하지 말라'고 한 명령은 온데간데없구나. 그러므로 너희들이 모일 때마다 내 집은 강도의 소굴이 되는 것이다."

팬데믹의 끝을 알 수 없어서 착잡합니다. 국경 폐쇄, 도시 봉쇄, 자가 격리, 비상사태 선포, 무너지는 경제, 학교에 갈 수 없는 아이들, 유가 대폭락에 전쟁 소문까지……. 이 모든 일이 우한 땅에 사는 박쥐에서 시작된 재앙이라고 하면 너무 어처구니없지만, 이 모든 일이 세상을 창조하신 창조주 하나님의 경륜 안에서 일어난 일이라면 우리는 오히려 겸비함으로 받아들여야 할 것입니다. 성경은 주의 재림과 세상 끝의 징조를 여인의 진통에 비유했습니다. "민족이 민족을, 나라가 나라를 대적하여 일어나고 곳곳에 지진과 기근과 전염병이 있을 것인데 이 모든 일은 진통의 시작"이라고 했습니다.

그동안 교회는 "그러나 그 날과 그 때는 아무도 모르나니 하늘의 천사들도 아들도 모르고 오직 아버지만 아시느니라"(마태복음 24:36)는 말씀 때문에 재림과 종말의 때에 대해 언급하는 것을 금기시했습니다. 그러나 이제는 주님 말씀의 의미가 '주님의 재림 날짜와 그 시각은 우리가 알 수 없지만, 종말의 징조들이 진통처럼 시작되면 출산(재림)이 임박한 줄 알고 깨어 준비하라'는 말씀이라는 것을 잘 알고 있습니다.

며칠 전, 최근에 찍은 무지개 사진을 보았습니다. 그것은 마치 하나님께서 애굽을 심판하실 때 애굽인의 땅과 이스라엘 백성의 고센 땅을 구별하신 것처럼, '재앙이 일어나고 있는 땅과 하얀 구름이 가득한 하늘 사이에 무지개를 두셔서 재앙에서 우리를 지켜주시겠다'는 하늘의 메시지 같았습니다.

그러므로 이제 우리가 해야 할 일은 하나님을 신뢰함

으로 말씀으로 자신을 깨끗이 씻는 것입니다. 우리는 '잘하고 있다'고 생각했는데 "너희가 모일 때마다 내 집은 강도의 소굴이 된다"고 하신 주님의 말씀이 가슴으로 동의될 때까지 주님과 나 사이의 간격을 줄여나가야 합니다. 늘 회개의 영을 구하고, 깨닫게 하신 것을 고백하며 삶 속에서 실천하고, 기도 가운데 주님과 교통하면서 주님이 언제 오시든지 혼인 잔치에 들어갈 준비를 하면서 살아야 합니다.

오랫동안 사용하지 않은 우물에서 물을 길으려면 마중물을 부어서 물이 올라올 때까지 있는 힘껏 펌프질을 해야 합니다. 회개도 그렇습니다. 처음에는 잘 안 되지만 뜻을 정하면 나중에는 성령께서 도우셔서 그때그때 회개할 것들을 생각나게 하십니다. 지금까지는 이것도 하고 저것도 하며 살 수 있었지만 이제는 아닙니다. 코로나19 팬데믹은 재난의 시작에 불과합니다. 이조차 힘들다면 앞으로 더 강하고 더 잦은 빈도로 재난이 오면 그때는 어떻게 하겠습니까?

믿음의 부모라면 성공하고 돈 버는 일보다 가정을 천국으로, 작은 교회로 만드는 것에 더 힘써야 합니다. 온 가족이 늘 예배 중심으로 모이고, 자녀들이 주님을 인격적으로 만나고 주님을 사랑하도록 말씀과 기도와 사랑으로 양육해야 합니다. 공예배로 모이든, 가정에서 모이든 어떠한 상황에서도 도래하는 하나님 나라를 믿음의 눈으로 바라보며 우주에 충만하신 하나님을 온 마음으로 사랑하며 예배하는 자녀들을 하나님께서 친히 인도하셔서 주의 거룩한 산과 주께서 계시는 곳에 이르게 할 것입니다.

목마름

> 내가 주는 물을 마시는 자는 영원히 목마르지 아니하리니 내가 주는
> 물은 그 속에서 영생하도록 솟아나는 샘물이 되리라 요한복음 4:14

일 년에 한 번 저희 부부는 미국에 다녀와야 합니다. 예비하신 사역도 있지만 여름이 오면 솔직히 손자들을 보러 가는 기쁨이 훨씬 더 큽니다. 그러나 그 만남은 기다림에 비해 너무 짧고 또다시 헤어져야 해서 돌아오면 또다시 기다림이 시작됩니다. 주님과 우리 사이에도 기다림이 있습니다. 주님은 오직 우리를 갈망하시고 우리 또한 그렇지만, 이 땅의 여정이 아직 끝나지 않았기 때문에 그날이 올 때까지 기다려야 합니다.

어떻게 하면 그날까지 지치지 않고, 목마르지 않고, 한결같은 기쁨으로 달려갈 수 있을까요? 기다림은 사모함을

동반합니다. 기다리는 사람의 모습에는 구별됨이 있습니다. 그래서 주님을 기다리는 사람에게는 주님이 나타납니다. 주님을 닮아가는 것입니다. 목마름이 우리를 주님께로 이 끌기 때문에 목마름을 포기하면 주님을 만날 수 없습니다. 주님도 이 땅에 계실 때, 육신의 피로나 주림보다 하나님에 대한 갈망이 너무 커서 그 목마름 때문에 아버지께 나아가셨습니다.

영원한 것을 얻기 위해 영원하지 않은 것을 계속해서 가지치기하면 결국에는 주님만 남습니다. 주님을 얻는 것 이지요. 그러나 가지치기를 하지 않고 사는 사람들은 어떻게 될까요? 영원한 것에 이르지 못합니다. 목마른 자들은 주님을 얻을 것이고, 목마름의 깊이만큼 주님으로 채워질 것입니다. 주님을 간절히 찾는 자들에게 주님은 영생의 생수로 만나질 것입니다.

그러나 가다가 포기하면, 가다가 돌아가면 지난 시간은 사라지고 다시 우물물을 끌어 올려야 합니다. 우물물 한 번 마시고 목마름이 세상의 것으로 채워져서 다시 안 마시는 것과 목마르기 때문에 계속 우물물을 길어 올리는 것의 차이를, 주님을 잃는 것과 주님을 영원히 소유하는 것의 차

이를 생각해 보십시오.

반석에서 나온 물로 출애굽 한 모든 백성과 짐승의 온 떼가 마셨습니다. 주님을 기다리는 사람의 복은 생수를 주는 자가 되는 것입니다. 어렵지 않습니다. 우리가 마신 생수를 나눠주면 됩니다. 사마리아 수가성 사람들이 처음에는 여자의 말을 듣고 예수를 믿었지만, 나중에는 예수님께 직접 듣고 예수께서 세상의 구주이신 것을 알았고, 곧이어 그 동네에 큰 부흥이 왔습니다. 일단 생수를 맛보면 그때부터는 생수의 맛 때문에 계속 찾는 것입니다.

그러므로 우리가 할 일은 생수를 길어서 나눠주는 것입니다. 그러면 주님이 그들을 주님께로 이끄실 것입니다. 그러나 생수를 끌어올리는 것은 우리의 일입니다. 완전히 말라버린 펌프에 마중물을 넣고 생수가 나올 때까지 펌프질하는 수고도 우리의 일입니다. 삶의 여건이 어려워도 생수이신 주님을 만나기 위한 몸부림이 있어야 합니다. 그래서 일단 생수가 나오면 그때부터는 우리도 마시고 다른 사람들에게도 퍼주어 마시게 해야 합니다. 예수님은 생수입니다. 누가 생수를 마실 수 있는데 오염된 물을 찾겠습니까?

주님을 기다리는 자에게 나타나는 또 하나의 모습은 기쁨입니다. 주님께는 우리가 알 수 없는 기쁨-아버지의 일을 마치는-이 있었듯이 주님의 일을 하는 이들에게도 동일한 기쁨이 있습니다. 예수님이 지치지 않고 아버지의 일을 마치셨듯이 주님의 일을 하는 이들도 지치지 않고 일을 마칠 것입니다. 그리고 예수님이 아버지의 일을 마치시고 아버지의 집에서 안식하는 것처럼 그들도 아버지의 집에서 쉬게 될 것입니다.

누구든지 생수를 마시지 않으면 목마릅니다. 그러나 그 목마름을 무엇으로 채우느냐에 따라 그들의 길은 영원히 갈라집니다. 생수를 구하는 자가 복이 있음은 그가 구한 것을 얻었기 때문입니다. 우리가 주님을 만날 때까지 해야 할 일은 계속 생수 곁에 머무는 것입니다. 그러면 우리도 주님처럼 온 세상에 생명을 주는 자가 될 것입니다.

이 생수는 온 땅에서 흐를 것이고, 우리의 싸움이 외롭지 않을 것입니다. 하나님께서 구원하기로 작정하신 자들을 우리 여정 속에서 만날 것이기 때문입니다. 이제 주님은 온 땅에 거하는 당신의 백성을 그물로 모을 것입니다. 아버지께서는 한 영혼이라도, 악인이라도 돌이켜 구원 얻기를 바라십니다. 사람을 가리지 말고 누구든지 구하는 자에게 생수를 줍시다. 추수는 주님이 하십니다. 그물을 넓게 던지십시오.

08

섞지 마라

네 포도원에 두 종자를 섞어 뿌리지 말라 양 털과 베 실로 섞어 짠 것을 입지 말지니라 신명기 22:9, 11

우리는 창조에 대해 생각할 때 이것과 저것을 섞어야 할 것 같은, 예를 들어 하늘의 것과 땅의 것을, 보이지 않는 영역을 보이는 영역에, 생각과 현실을 조화롭게 아우를 때 mix & match 창조가 일어난다고 생각합니다. 그래서 사람들은 어릴 때부터 섞는 기술을 배웁니다. 유치원에 가면 재능 있는 아이가 돋보이고 선생님은 그 아이를 칭찬합니다. 그러나 신동은, 특별한 아이는 오직 하나만 합니다. 다른 일에는 전혀 관심이 없어서 부모의 걱정이 되곤 합니다. 어릴 때 신동 소리 듣던 아이들의 천재성이 크면서 왜 사라지는지 아십니까? 섞어서 그렇습니다. 부모가 자기들의 생각을 섞어서 아이에게 있는 창조의 능력을 소멸시키는 것입니다. 학교 또한 창조와는 상관없는 기능인을 만드는 곳입니다.

우리가 참으로 창조적인 삶을 살기 원한다면 처음부터 그리고 매번 다른 마음이 올 때마다 섞지 않기로 뜻을 정해야 합니다. 하나님이 만드신 그대로 사는 것입니다. 석유는 어디에서 나옵니까? 희귀한 광석은? 시냇가에 심은 나무는? 하늘에서 오는 지혜를 아는 자들은? 박사는? 노벨상 수상자들은? 역사를 바꾼 기인들은? 그렇습니다. 한 우물입니다. 하나님은 창조자시고 모든 지혜의 근본, 곧 창조의 근원입니다. 어두운 세상을 영원토록 빛나는 별들로 수놓은 사람들은 모두 하나님을 구한 자들이었다는 것을 잊지 마십시오.

물론 마귀도 지혜를 줍니다. 온 세상을 어지럽게 한 모든 지혜는 마귀가 자기를 추종하는 자들에게 준 것입니다. 그러나 잘 보십시오. 마귀가 준 거짓 지혜로 영원한 것을 이룬 사람은 없습니다. 그들이 참으로 고요하고 잔잔한 삶을 살았습니까? 아닙니다. 그들은 미친 짓을 하다가 결국 영원한 멸망으로 들어갔습니다. 그들의 영향력이 크면 큰 만큼 그들은 멸망으로 이끄는 거대한 길을 만들어 수많은 영혼이 그곳으로 가다가 함께 망했습니다. 로마의 황제들이 그랬고, 각 시대의 지도자들이 그랬고, 자기 영혼 하나 구원하지 못한 수많은 천재가 그랬습니다.

오늘날 세상을 떠들썩하게 하는 사람들을 보십시오. 만약 하나님의 종들이 하나님의 말씀을 섞지 않았다면 배교의 자리에서 그토록 당당할 수 있을까요? 앞으로 당할 일로 인하여 두려워 벌벌 떨며 지옥 불에 들어가지 않기를 하나님께 구하지 않겠습니까? 일단 섞기 시작하면 돌이키기 어렵습니다. 그래서 수많은 하나님의 종들이 배교의 길로 간 것입니다.

이 시대 가장 탁월한 천재들은 다 어디에 있습니까? 예술가, 과학자, 지식인들은 다 AI를 섬기고 있습니다. 이 시대에는 AI를 알지 못하면 그 누구도 정상에 오를 수 없기 때문입니다. 사람이 천 년 걸려 이룰 발전을 단 며칠에 끝낸다면 그리고 그 결과가 상상할 수 없는 놀라운 것이라면 누가 AI에 절하지 않겠습니까?

AI는 하나님의 지혜를 사람들이 기술로 만든 것입니다. 20~21세기에 노벨상을 탄 과학자들은 거의 모두가 하나님 창조의 코드를 발견한 이들입니다. 그리고 그들은 첨

단 과학 기술을 이용하여 조작하기 시작했고(섞었고) 그들이 원하는 것을 만들고 있습니다. 일단 창조의 코드를 찾아낸 다음에는 그들의 왕국을, 하나님을 배제한 세계를 창조하기 위해 모든 기술을 다 섞어서 그들이 원하는 것을 만듭니다. 이것을 사람이 하는 일이라고 생각합니까? 인간은 그렇게 해서 하나님이 만드신 지구를 망쳐 놓고 이제는 다른 위성을 찾아 분주히 움직이고 있습니다. 지구의 시간이 많지 않다는 것을 너무도 잘 알기 때문입니다.

하나님의 지혜는 고요하고 잠잠합니다. 하나님의 지혜는 온 인류를 행복하게 해줄 뿐 아니라 지구에 생명을 주고, 활력을 주고 꿈을 줍니다. 그러나 사탄의 일은 사람을 미치게 하고 지구를 망가뜨리고 자신들도 멸망합니다.

섞지 마십시오. 그 무엇보다도 하나님의 말씀을 섞지 마십시오. 섞는다는 것은 배도의 첫 단추입니다. 그리고 AI는 기술입니다. 세상은 하나님의 지혜를 도둑질해서 그렇게도 잘 쓰고 있는데 왜 빛의 자녀들은 어리석고 게으릅니까? 하나님께 영광을 돌리려는 마음이 없기 때문입니다. 부모 세대가 자녀들을 하나님의 영광을 위해 살도록 가르치지 않고 자신들의 탐욕과 영광을 위해 자기 소견에 옳은 대로 교육했기 때문입니다. 하나님의 말씀보다 세상을 더 구했기 때문입니다. 세상과 함께 망하지 않으려면 이제라도 회개하고 하나님께 돌아와야 합니다. 우리가 섞지 않고 살기로 뜻을 정하고 또 그렇게 산다면 하나님은 그 사람을 통해 반드시 영광받으실 것입니다.

믿음의 순도 The purity of faith

> 하나님의 도는 완전하고 여호와의 말씀은 순수하니 그는 자기에게
>
> 피하는 모든 자의 방패시로다 시편 18:30

하나님을 섬기는 사람은 하나님의 것을 공유하고, 세상을 섬기는 사람은 세상 임금의 것을 공유합니다. 하나님을 섬긴다고 하면서 실제 하나님을 위해 아무것도 하지 않는 사람은 그 손에 무엇을 얻겠습니까? 하나님 보시기에 가장 안타까운 사람은 하나님에게 속하여 하나님의 것을 공유할 수 있음에도 세상에 속한 사람처럼 살면서 하나님을 위해 아무 소출도 내지 않는 것입니다.

무언가를 깨닫고 시작하는 것도 중요하지만, 그 깨달은 것을 지켜나가 소출을 얻는 것은 그의 몫입니다. 하나님은 선인과 악인에게, 의로운 자와 불의한 자 모두에게 해와

비를 주셔서 이 땅에 살게 하셨습니다. 하나님이 주신 것을 가지고 부지런히 수고하고 열심히 키워 나가는 사람은 이 땅에서 수고의 열매를 먹을 것입니다. 하지만 수고하지 않는다면 주릴 것이고 사람들에게 미움받을 것입니다. 그리고 계속 그렇게 산다면 결국에는 하나님께도 미움받을 것입니다. 이것이 하나님의 공의입니다. 게을러서 가난한 자를 공의로 심판하시는 하나님입니다(이사야 11:4).

문제는 마음입니다. 내 마음이 있는 곳에 내 보물이 있는 것처럼, 내가 시간을 많이 보내는 그곳에 내 마음이 있습니다. 그런데 하나님은 너희의 마음을 나에게 달라고 하십니다. 그러면 하나님께서 우리 안에 들어오셔서 우리와 함께 하나님의 일을 하겠다고 하십니다.

생각해 보십시오. 하늘의 왕이 여러분에게 오셔서 '나를 위해 함께 일하자'라고 하실 때 어떻게 하겠습니까? 하나님은 당신이 행하실 일들을 그 누군가에게 알리셔서 하나님의 일을 수행하기 원하십니다. 하나님은 그 사람과 함께 일하지만 세상은 배후에서 일하시는 하나님이 아니라 하나님의 일을 수행하는 그 사람을 봅니다. 이처럼 하나님과 동행하며 하나님의 일을 수행하는 사람을 '하나님을

carry 하는 자'라고 합니다. 그런데 하나님을 carry 하려면 그릇이 어떠해야 합니까?

살아오면서 채우고 쌓은 것을 비워야 합니다. 그 그릇에는 섞인 것이 없어야 합니다. 우리는 재물이든, 업적이든, 명성이든 쌓는 것을 성공이라고 생각합니다. 하나님을 위해 비우라고, 버리라고 하면 마치 사회에서 도태되는 것처럼, 낙오자가 되는 것처럼 두려워합니다. 이것이 많은 하나님의 종들이 끝까지 하나님을 따르지 못하는 이유이기도 합니다.

지금은 마지막 때입니다. 마지막 때를 사는 하나님의 자녀들은 영광도 크지만, 시험도 그만큼 커서 그 어떤 일보다 믿음을 지키는 것을 최우선으로 삼아야 합니다. 지금 무언가를 더 쌓겠다는 것은 어리석은 일입니다. 혼란과 혼돈의 시대에는 뜻을 정하고 붙잡은 그 한 가지에 집중하는 것이 살길입니다.

기도하는 자가 복이 있는 것은 기도한 것을 삶으로 살아내기 때문이고, 하나님의 말씀을 가르치는 자가 복이 있는 것은 가르친 것을 살아내기 때문이고, 묵상하는 자가 복이 있는 것은 그 깨달음이 영혼의 등불이 되어 그를 생명의 길로 인도하기 때문입니다.

　하나님의 임재 안에 살면서 24시간 하나님을 생각하는 삶이 지혜로운 것입니다. 그래서 섞으면 안 됩니다. 순도를 높여가야 합니다. 우리 세대는 순도를 높여가기 위해 힘쓰고 애쓰면서 몸부림쳐야 하지만 태어날 때부터 그런 세대가 있습니다. 성경은 '주의 날'에 하나님께서 일으키실 거룩한 세대를 말합니다(시편 110편). 그들은 이 땅에서 한 번도 보지 못한 가장 의로운 세대로, 태에서부터 거룩하게 구별된 자들입니다. 지금 우리 눈앞에서 그 세대가 자라나고 있음에도 우리는 그들을 알아보지 못합니다. 우리의 섞인 믿음이 그들의 순도를 수용하지 못하기 때문입니다. 그 세대를 보호하기 위해 하나님께서 택하신 자들이 있는데 어쩌면 우리가 그 사람들일 수 있습니다.

　그러나 우리는 이 일에 준비되지 않았고, 하나님의 세대는 일어나기 시작했기 때문에 지금부터 갭gap 을 줄여 나가야 합니다. 그래서 하나님께서 세월을 아끼고 우리의 상을 잃지 않도록 하루 24시간 하나님의 임재 속에 풍덩 빠지라고 하시는 것입니다. 머릿속으로만 생각하지 말고 그냥 삶으로 살라는 것입니다.

정리합니다. 하나님을 carry 한다는 것은 하나님과 동행하는 것입니다. 하나님과 동행하기 위해 가장 중요한 덕목은 '순도'이고 그 순도를 지키기 위해서 늘 비우는 삶을 살아야 합니다. 이 세상도, 그 정욕도 지나가되 오직 하나님의 뜻을 행하는 자는 영원히 있습니다(요한일서 2:17).

10

하나님을 아는 복

> 그러므로 우리가 여호와를 알자 힘써 여호와를 알자 그의 나타나심
> 은 새벽 빛 같이 어김없나니 비와 같이, 땅을 적시는 늦은 비와 같
> 이 우리에게 임하시리라 하니라 호세아 6:3

하나님은 늘 우리에게 말씀하지만 하나님의 말씀을 마음에 담는 사람은 극히 소수입니다. 많은 사람이 같은 자리에서 말씀을 듣지만, 그 말씀을 마음으로 받고 지키는 이는 많지 않습니다. 그 소수의 사람들이 이 넓은 어두운 세상을 밝힐 수 있겠습니까? 이 세상의 근본은 어두움입니다. 창세기 1장 1-2절은 말합니다. "태초에 하나님이 천지를 창조하시니라 땅이 혼돈하고 공허하며 흑암이 깊음 위에 있고."

그 혼돈과 공허와 흑암의 땅에 빛이 오셨습니다. 생명을 가지고 오셨습니다. 어두움은 절대 스스로 뒤로 물러서

지 않습니다. 그러나 빛이 오면 어두움은 세력을 잃고 뒤로 물러납니다. 빛이 있는 한 어두움은 역사할 수 없습니다. 왜 이 세상에 아직도 소망이 있습니까? 빛이 있기 때문입니다. 어두움은 실존이 아닙니다. 영원하신 존재 앞에서 후하고 불면 꺼지는 촛불 같은 것입니다. 이리저리 날려 다니다 어디론가 사라지는 검불 같은 것입니다. 그래서 하나님은 검불 같은 자들을, 그 마음에 정함이 없는 자들을 싫어하십니다. 왜냐하면 그런 자들에게는 생명을 담을 수 없기 때문입니다.

그러나 생명을 담아줄 수 있는 그릇들이 있습니다. 그들은 하나님의 말씀을 마음에 담는 사람들입니다. 들은 말씀을 헛되이 흘려보내지 않습니다. 그래서 하나님께서 지혜도, 용맹도, 부함도 자랑하지 말고 하나님을 아는 것과 하나님이 누구이신지를 깨닫는 것을 자랑하라고 하신 것입니다(예레미야 9:23-24).

보십시오. 그들 중에 영원한 것이 무엇입니까? 무엇을 가지고 영원한 나라에 들어갈 수 있습니까? 구원을 베푸는 것은 주님의 기뻐하시는 뜻이나 우리에게 상을 주시는 분은 하나님입니다. 그리고 그분의 이름은 공의입니다. 하나님의 공의는 치우침이 없습니다. 하나님은 당신의 자녀들이 하나님의 길에서 곧 하나님의 말씀에서 치우치는 것을 기뻐하지 않습니다. 하나님은 당신의 공의를 담을 수 있는 자들, 곧 하나님의 말씀을 지키고, 그 길에서 치우침이 없는 자들을 찾으실 때 매우 기뻐하십니다. 이처럼 마음을 정하고 전심으로 하나님 나라를 구하는 자들을 통해 구원은 확장됩니다. 왜냐하면 그들의 빛은 근원적인 능력이 있기 때문입니다. 하나님의 능력이 그들에게서 온전히 시행되기 때문입니다.

은혜가 무엇입니까? 깨닫는 것입니다. 하나님을 아는 것입니다. 깨달은 자를 통해 하나님의 능력이 역사하고, 그 능력이 역사하는 곳에 하나님의 영광이 나타납니다. 하나님은 능력과 영광이기 때문입니다. 하나님을 안다는 것은 우리의 선택이 아닙니다.

하나님은 우리가 아무 곳에서나 살 수 있는 물건도, 우리가 부른다고 찾아지거나 만나지는 존재가 아닙니다. 오늘날 너무 많은 하나님의 자녀들이 하나님에 대해 잘 모릅니다. 이는 그들이 하나님의 말씀을 존중하지 않기 때문입니다. 빛이신 주님이 오셨는데 왜 세상은 갈수록 어두워지는 것입니까? 왜 믿음을 지키기가 점점 더 어려워지는 것입니까? 때가 끝나가고 있기 때문입니다. 사망의 땅에 주님이 오셨습니다. 그리고 이 땅에 태어난 모든 생명 중에서 주님을 얻은 자들은 빛이 되어 빛의 나라로 옮겨졌습니다. 이것이 지난 2천 년의 시간 속에 일어난 일입니다.

범죄한 인류에게 하나님은 다시 한번 기회를 주셨습니다. 결국 이 세상도 심판받아 허무하게 될 것을 아시면서도 하나님은 다시 한번 천지와 만물을 우리에게 허락하셨습니다. 그런데 사람들은 하나님이 공의롭지 못하다고 합니다. 어떻게 사랑의 하나님이 세상을 심판할 수 있느냐고 합니다. 하나님은 범죄한 가인에게 말씀하셨습니다. "선을 행하지 아니하면 죄가 문에 엎드려 있느니라 죄가 너를 원하나 너는 죄를 다스릴지니라"(창세기 4:7).

우리도 같습니다. 죄는 우리 안에 있고 지금 온 세상은 죄악으로 관영합니다. 우리 안의 죄를 다스려 죄의 역사를 끊어내지 않으면 우리가 호흡하는 것마다 죄인 것입니다. 죄는 하나님의 말씀을 거역하게 합니다. 하나님이 말씀하신 대로 행하면 살 수 있는데 우리는 여전히 우리의 길을 고집하며, 하나님이 공의롭지 못하다고 하면서 하나님을 거짓말하는 이로 만들고 있습니다(요한일서 1:10).

하나님은 그분의 말씀을 지키고 그 길에서 치우침이 없는 자들에게 자신을 나타내시고, 하나님을 아는 은혜를 주십니다. 악한 세대는 그들의 패역함과 함께 멸망으로 들어갈 것이고, 이 악한 세대 가운데 빛의 자녀의 수는 바닷가의 모래 같을 것입니다. 왜냐하면 하나님의 공의가 임할 것이기 때문입니다. 빛이 온 세상을 비출 것이며 하나님을 아는 자들이 일어나 주의 길을 예비할 것입니다.

네가 나의 인내의 말씀을 지켰은즉 내가 또한 너를 지켜 시험의 때를 면하게 하리니 이는 장차 온 세상에 임하여 땅에 거하는 자들을 시험할 때라(요한계시록 3:10).

11

안식

안식일을 기억하여 거룩하게 지키라 … 나 여호와가 안식일을 복되

게 하여 그날을 거룩하게 하였느니라 출애굽기 20:8-11

이스라엘에서는 토요일을 안식일로 지킵니다. 아랍 국
가를 제외한 다른 나라에서는 일요일을 주일로 지냅니다.
사실 토요일은 주님이 무덤에 계신 날이고 일요일에 부활
하셨기 때문에 일요일을 '주의 날'로 기념하는 것도 맞습니
다. 하지만 토요일이 안식일인 것도 맞습니다. 주께서 당신
의 일을 마치시고 쉼을 얻으신 날이기 때문입니다. Sunday
도 로마인들에게는 맞습니다. 태양신의 날이니까요. 개념의
차이며, 의미의 차이입니다.

주님은 세상의 가치관 위에 세워진 우리의 틀을 깨뜨
리기 원하셨습니다. 안식일에 대한 명령은 율법과 함께 왔

습니다. 안식일은 세상에 사는 하나님의 자녀들이 세상일을 내려놓고 세상 흐름에 따라 살던 삶을 내려놓는 날입니다. 그것이 시작입니다. 그리고 하나님 안에 온전히 거하는 것입니다. 그동안 너무 바쁘고 분주해서 하나님을 충분히 생각하지 못한 일상에서 벗어나 하나님만 생각하는 날이며, 예배는 그 통로이며 시작입니다. 예배가 빠진 안식은 의미가 없으며, 안식일을 안식일로 규정짓는 것이 예배입니다.

하나님은 우리를 위해 세상을 만드시고 기뻐하셨습니다. '좋다'는 의미는 기쁨입니다. 희락joy 이 있는 곳에 창조의 원형이 있습니다. 생각해 보십시오. 우리가 참으로 기쁠 때가 어느 때인지……. 우리 안에 아무 두려움이 없는 상태가 희락입니다. 이것이 세상의 기쁨과 천국의 기쁨 차이입니다. '낙을 누린다'는 것은 하나님의 자녀들에게 나타나는 원형의 회복입니다. '누림'은 하나님의 임재입니다.

세상은 하나님의 자녀들을 통해 잠시 희락을 맛볼 수도 있고, 누릴 수도 있지만 세상의 근본은 어두움이기 때문에 세상에는 희락이 없습니다. 마치 어두움이 잠시 빛을 받을 수는 있지만 그 빛이 떠나면 어두움 그대로인 것처럼 말입니다.

예배가 중요한 것은 희락의, 임재의 핵심이기 때문입니다. 하나님은 에덴을 회복한 우리가 희락을 누리기 원하지만 우리는 '희락', '안식', '창조의 회복'에 관심이 없기 때문에 하나님께서 안식일을 지키라고 명하신 것입니다.

안식일을 지키는 것은 훈련입니다. 훈련이 안 된 자들은 희락을 볼 수 없습니다. 주일날 우리가 예배드리는 모습을 사진으로 찍는다면 어떤 일이 벌어질까요? 온전한 자들부터 장사꾼처럼 분주하기 짝이 없는 자들에 이르기까지 천태만상일 것입니다. 우리의 눈으로는 분간할 수 없지만 하나님께는 모든 것이 한눈에 들어옵니다. 왜냐하면 희락은 빛이기 때문입니다. 그대로 드러납니다. 그 빛은 우리의 영혼이며, 그 영혼의 빛이 우리의 영생입니다. 그것이 "의인이 아무리 의를 행하며 살았다 해도 범죄함으로 죽으면 그 의가 기억되지 않고, 악인이 돌이켜 의를 행하면 그는 그 의를 인해 살 것"이라는 말씀입니다(에스겔 18:21-28). 의는 빛입니다. 그러므로 마지막 순간의 그 빛대로 영원을 사는 것입니다. 그래서 우리에게 빛이 있는지 살피라고 하신 것입니다.

우리는 하루 중에 얼마나 빛 가운데 있는지를 생각해 보아야 합니다. 제사장이라고 다 빛에 거하지 아니하고, 백성이라고 해서 불이익을 당하지 않는 것은 사랑으로 행하는 곳에 빛이 있기 때문입니다. 율법을 듣지 않는 자의 기도는 가증하나(잠언 28:9) 산 제물로 드리는 예배는 하나님이 받으십니다. 우리가 무엇을 하느냐가 중요한 것이 아니라 그 안에 '빛이 있는가, 생명이 있는가'가 중요합니다.

안식일은 생명을 공급받는 날입니다. 한 주간의 일상 속에서 소진된 우리 영혼에 생명을 부어 주시려고 하나님께 나오라고 하신 것입니다. 에덴에서도 일은 있었습니다. 하지만 그곳에는 가시와 엉겅퀴는 없었습니다. 땅도 저주를 위해 있지 않았습니다. 노동, 수고, 땀 흘림, 쉬지 못함은 우리의 범죄함으로 온 것입니다.

안식일의 진정한 의미는 회복이며, 안식일의 완성은 영원입니다. 왜냐하면 하나님도, 그분의 자녀인 우리도 영원한 존재이기 때문입니다. 안식일을 지키는 사람이 복이 있습니다. 그는 하나님 앞에서 늘 빛이며 생명입니다. 온전한 안식을 누림으로 우리에게 늘 빛이 있게 하고, 그 빛이 우리 온 주변으로 확장되어 하나님께 영광을 돌릴 때, 공의의 하나님은 그분의 계명을 지키는 자들에게 생명을 주십니다. 그 생명은 곧 빛이며, 그 빛은 우리의 영생을 결정합니다. 주님께서는 이렇게 말씀하십니다.

"나의 안식일을 지키는 자마다 나를 얻을 것이요. 나를 얻는 자는 영원히 살리라. 영생을 택하라. 누가 맹인이며 귀머거리며 마음이 둔하여 깨닫지 못하는 자인가. 내 계명을 버린 너희들, 곧 내 백성이 아니냐. 그러나 그날에는 너희가 깨달으리라. 그날이 오기 전에 빛을 얻으라. 그리고 그 빛에서 떠나지 말라. 그 빛을 밝히라."

12

하나님의 마음

> 여인이 어찌 그 젖 먹는 자식을 잊겠으며 자기 태에서 난 아들을
> 긍휼히 여기지 않겠느냐 그들은 혹시 잊을지라도 나는 너를 잊지
> 아니할 것이라 이사야 49:15

지금은 하나님께서 흩으신 이스라엘을 다시 모으고 목자가 그 양떼에게 행함 같이 그들을 지키시는 때입니다(예레미야 31:10). 하나님은 라헬의 고통을 자기와 동일시하셨습니다. 야곱의 사랑을 한몸에 받은 라헬은 언니와 여종들이 열 명의 자식을 낳는 동안 아이를 낳지 못하다가 그녀들이 출산을 마친 후에야 요셉을 낳았습니다(창세기 29:31~30:24). 라헬이 요셉을 낳은 후, 야곱은 아버지의 집으로 돌아가기로 결심합니다. 야곱이 밧단아람에서의 삶을 정리하고 아버지 집으로 돌아오는 노중에 라헬은 베들레헴

길에서 둘째 아들 베냐민을 출산하다가 산고로 죽습니다 (창세기 35:19-20). 자식과 생이별해야 하는 어미의 고통과 관련된 베들레헴의 슬픈 역사는 신약 시대에도 계속됩니다.

마태복음 2장 16-18절을 보면, "유대인의 왕이 나셨다"라는 동방박사의 말을 들은 헤롯 왕이 질투심에 사로잡혀 "메시아가 나오리라"고 예언된 베들레헴과 그 모든 지경 안에 있는 두 살 아래의 사내아이들을 다 죽입니다. 자식을 잃은 어미들의 큰 울부짖음이 있을 때, 마태는 이것을 라마에서 슬퍼하며 통곡하는 라헬의 애곡으로 연결합니다.

> 여호와께서 이와 같이 말씀하시니라 라마에서 슬퍼하며 통곡하는 소리가 들리니 라헬이 그 자식 때문에 애곡하는 것이라 그가 자식이 없어져서 위로 받기를 거절하는도다 여호와께서 이와 같이 말씀하시니라 네 울음 소리와 네 눈물을 멈추어라 네 일에 삯을 받을 것인즉 그들이 그의 대적의 땅에서 돌아오리라 여호와의 말씀이니라 너의 장래에 소망이 있을 것이라 너의 자녀가 자기들의 지경으로 돌아오리라 여호와의 말씀이니라(예레미야 31:15-17).

'라헬의 자식'은 이스라엘 민족 전체를 의미하고(에스겔 37:16), '라마'는 바벨론으로 끌려가는 포로들의 집결지였습니다(예레미야 40:1). 쇠사슬에 매여 바벨론으로 끌려가는 백성을 보면서 그들이 앞으로 겪어야 할 세월을 아시는 하나님께서는 당신의 고통을, 겨우 젖을 뗀 어린 요셉과 생모를 기억하지도 못하고 평생 슬픔 속에 살아가야 할 핏덩이 베냐민을 떼어놓고 죽어야 했던 라헬의 고통과 졸지에 어린 자식을 잃어야 했던 베들레헴 어미들의 절규와 동일시하셨습니다. 생때같은 자식과 생이별해야 하는 어미들의 고통, 이것이 이스라엘을 향한 하나님의 마음입니다.

포로로 끌려가는 백성을 보시면서 자신을 라헬과 비교하신 하나님께서 지난 2600년 동안 열국 가운데에서 학대와 저주와 경악과 조소와 수모의 대상이 되어야 했던(예레미야 29:18) 이스라엘을 모른 척하셨을까요? 아닙니다.

여인이 어찌 그 젖 먹는 자식을 잊겠으며 자기 태에서 난 아들을 긍휼히 여기지 않겠느냐 그들은 혹시 잊을지라도 나는 너를 잊지 아니할 것이라(이사야 49:15).

하나님은 이스라엘을 잊으신 적도, 버리신 적도 없습니다. 다만 순종하지 아니하는 이방의 백성에게 긍휼을 베푸시려고 이스라엘의 불순종을 사용하신 것입니다. 이스라엘의 넘어짐으로 구원이 이방인에게 이르러 아브라함을 축복하는 자에게는 복을 주시고, 아브라함을 저주하는 자에게는 저주하심으로 모든 민족이 하나님의 긍휼을 입은 것입니다(로마서 11:30-32).

오늘날 이방인의 충만한 수가 차가면서 가려진 이스라엘의 눈이 완전히 열릴 날도 멀지 않았습니다. 성경에 남아 있는 예언들이 하나하나 성취되면서 메시아의 길이 준비되고 있습니다. 이런 때에 코로나바이러스와 싸우는 것보다 더 중요한 것은 하나님의 말씀에 대한 우리의 자세를 돌아보는 것입니다. 그중 하나가 이스라엘에 대한 교회의 신학과 편견을 버리고 성경을 있는 그대로 보는 것입니다. 그럴 때 이스라엘을 향한 하나님의 마음을 알게 되며, 마지막 때 교회가 이스라엘과 함께 어떻게 거룩한 연합을 이룰 것인지를 깨달을 것입니다.

세상은 점점 더 거짓과 속임수로 충만해져 가고 있습니다. 심판의 정점을 향해서 달려가고 있습니다. 폭우와 흑암 속을 비행하는 조종사가 자신의 지식이나 경험을 의지하지 않고 오직 계기판만 바라보고 조종하는 것처럼, 우리도 오직 하나님 말씀만을 나침판처럼 붙잡고 따라가야만 무사히 하나님 나라에 도착할 수 있습니다.

열매 맺는 삶

> 좋은 땅에 있다는 것은 착하고 좋은 마음으로 말씀을 듣고 지키어
>
> 인내로 결실하는 자니라 누가복음 8:15

어린 묘목에는 뜨거운 해와 사나운 바람과 심술궂은 새들로부터 보호하기 위해, 성장 촉진과 풀이 자라는 것을 방지하기 위해 비닐을 씌웁니다. 그러다 어느 정도 자라면 비닐을 걷어내고 버팀대를 세워 키가 자라도록 해줍니다. 그러면서 어린나무는 가지를 내고 잎사귀를 맺어갑니다. 그러면 버팀대도 필요 없게 됩니다. 그때부터는 풍상 속에서 홀로 자라갑니다. 나무는 스스로 자라는 것 같지만 농부는 나무를 위한 수고를 멈추지 않습니다. 짐승과 벌레, 뜨거운 해와 밤의 추위 속에서 나무가 잘 자라는지 그 눈길은 항상 나무에 가 있습니다. 이는 하나님도 동일하십니다. 하

나님께서 나무 한 그루를 위해, 그 나무가 세상이라는 광야에 뿌리내리기까지 얼마나 위하시고 아끼시는지 우리는 잘 알지 못합니다.

우리 안에는 거짓과 미혹의 소리가 있습니다. 그것들은 우리의 본성 속에 교묘히 숨어 있어서 우리의 생각으로는 분별할 수 없습니다. 그래서 우리는 그것이 내 생각인 줄 알고 행동합니다. 그럴 때마다 하나님은 채찍과 울타리로 어린 우리가 하나님의 보호를 벗어나지 않도록 막으십니다. 우리는 이것을 고난이라고 하지만, 고난이 아니라 죄이고, 하나님은 죄가 우리를 끌고 가지 못하도록, 우리 안에 쓴 뿌리를 내리지 못하도록 생가지를 쳐내신 것입니다. 그래서 고난이 우리를 지킨 것입니다. 세상에 속한 자들이 자기의 땅에서 무엇을 하든 하나님은 상관하지 않습니다. 그러나 하나님의 자녀는 남의 나라에 살면서 하나님 나라의 법을 따라야 합니다. 이것이 고난입니다.

중요한 것은 이것입니다. 생각을 바꾸는 것입니다. 둘 중 하나를 택하는 것입니다. 정체성의 문제입니다. 정체성의 문제는 믿음의 영역이고, 믿음은 지식에 의해 세워집니다. "내 백성이 지식이 없어서 망한다"(호세아 4:6)라는 말씀을 새겨듣지 않으면 반드시 망한다고 말씀합니다. 우리가 하나님의 말씀을 버렸기 때문에 하나님도 우리를 버려 심판 날에 우리를 지켜주실 수가 없는 것입니다.

> 나를 저버리고 내 말을 받지 아니하는 자를 심판할 이가 있으니 곧 내가 한 그 말이 마지막 날에 그를 심판하리라(요한복음 12:48).

우리에게서 하나님의 말씀이 발견되면 그 말씀 때문에 하나님께서 약속을 지키지만, 우리 안에서 그 어떤 진리도 발견되지 않는다면 그 사람은 '진리 없음'을 인하여 심판받을 것입니다. 이것이 "아들이 있는 자에게는 생명이 있고 하나님의 아들이 없는 자에게는 생명이 없다"(요한일서 5:12)는 말씀입니다. 예수님은 성육신하신 말씀이기 때문입니다.

그러므로 우리 안에 말씀이 많을수록 열매가 풍성하여 그것으로 하나님께 영광을 돌리는 것입니다. 하나님은 영광 그 자체이기 때문에 우리가 하나님께 영광을 돌린들 하나님의 영광을 더할 수도 덜할 수도 없습니다. 다만 우리가 하나님께 영광을 돌리면 돌린 만큼 그것이 우리의 몫이며,

소유이며, 상이 되는 것입니다. 이것이 우리에게 은혜를 베푸시는 하나님의 지혜입니다. 말씀으로 살지 않는 것은 두려운 일입니다. 그래서 '지식이 없어서 망한다'고 하는 것입니다.

농부이신 하나님께서 우리에게서 찾으시는 것은 열매이고, 그 열매는 우리를 위한 것이며, 영원한 것이기 때문에 작은 일에 충성하라고, 남의 것에 충성하라고(누가복음 16:12), 땅에 있을 동안에 하나님 나라를 위해 수고하라고 말씀하신 것입니다. 그러므로 우리의 상처와 쓴 뿌리 속에 숨어서 역사하는 죄의 유혹이 우리 안에 계신 성령을 방해하지 않도록 조심해야 합니다. 우리 안의 악을 다스리지 않으면 죄가 우리를 삼킬 것이라는 말씀을, "죄가 너를 원하나 너는 죄를 다스릴지니라"(창세기 4:7) 하신 말씀을 멸시하면 안 됩니다. 범사에 어떤 상황 속에서도 기록된 말씀대로 순종하면 치료의 광선이 신속하여서 마지막 날에 우리를 위해 소출을 낼 수 있도록 그 말씀이 우리를 도울 것입니다.

14

쓴 뿌리와 미혹

너는 귀를 기울여 지혜 있는 자의 말씀을 들으며 내 지식에 마음을

둘지어다 이것을 네 속에 보존하며 네 입술 위에 함께 있게 함이

아름다우니라 잠언 22:17-18

말 한마디로 천 냥 빚을 갚기도 하지만, 말 한마디로 한 사람의 영혼을 완전히 무너뜨리기도 합니다. 그런데 사람들은 이것이 죄라는 사실을 잘 인지하지 못합니다. 영혼이 무너지는 것은 잠시라도 영적인 죽음을 초래하는 것입니다. 실제로 그런 일이 일어나지 않아도 그 영혼이 잘 훈련되어 있어서 빨리 마음을 수습하지 않으면 무너진 상태에서 원수가 들어와 집을 지을 수 있도록 문을 열어 주기 때문입니다.

만약 영혼이 무너진 상태에서 부서지고, 깨어지고, 금

이 간 곳에 집이 지어진다면 그것들은 무엇이겠습니까? 자포자기, 미움, 분노, 원망, 슬픔, 비탄, 저주 등이 그 영혼을 채워 나가기 시작할 것이고, 계속 방치하면 견고한 진이 되어 마귀가 역사할 것입니다. 그런 영혼을 소굴에서 끄집어 내려면 실로 고통스러운 시간을 겪어야 합니다. 이것이 쓴 뿌리입니다. 쓴 뿌리는 사람의 위로나 섬김만으로는 치유되지 않습니다. 나무나 돌로 지은 집이라면 썩은 곳만 빼내면 되지만, 사람의 영혼 속에 실타래처럼 엉킨 쓴 뿌리를 무슨 수로 한순간에 없앨 수 있겠습니까?

코로나19 팬데믹이 장기화되면서 사회 곳곳에 긴장이 고조되고 있습니다. 집에 함께 있는 시간이 늘어나면서 가정 폭력도 증가하고, 응급 환자가 발생해도 코로나19 환자가 늘어나면 병원 진료도 제때 받을 수 없습니다.

그런데 요즘 내일의 삶을 예측하기 어려운 상황에서 '수군수군하는 일'이 마치 "밥 먹었어? 잘 잤어? 별일 없어?" 하는 것처럼 일상의 언어가 되어가고 있습니다. 성경은 '수군수군하는 것' 또한 죄라고 합니다(로마서 1:29-32). '수군수군'은 거짓에 문을 열어 줍니다. 마음이 확정된 사람은 그 입으로 수군수군하지 않습니다. '수군수군'은 마음에 정함이 없는 사람들이 하는 행동입니다.

기정사실이 아닌 것을 퍼뜨림으로 소문이 마치 진실인 것처럼 자리 잡게 합니다. 이것은 거짓의 역사입니다. 거짓의 역사는 맑은 물에 잉크 한 방울을 떨어뜨리면 아무리 적은 양이라도 물 전체를 흐려 놓아 회복할 수 없게 만드는 것과 같습니다. 그렇게 되면 흐려진 물을 그냥 쓰든지 아니면 버리고 새 물을 떠와야 합니다. 원상태를 회복할 수 없도록 흐리는 역사를 미혹이라고 합니다. 그런데 사람들은 그 물을 다시 맑게 만들려고 화학물질을 집어넣습니다. 물은 인위적으로 처음처럼 되겠지만, 그 안에 들어간 화학물질은 영원히 그 물의 성분이 됩니다. 겉으로 보기에는 차이가 없지만 그 물은 처음의 물이 아닙니다.

원래의 물을 본 사람은, 그 물맛을 본 사람은 흐려진 물과 화학물질이 첨가된 물을 맛보고 변질되었다는 것을 알지만, 그 사람도 어쩔 수 없이 계속 그 세계에 속하여 살면 그도 곧 처음 상태를 잊어버리고 그 환경에 익숙해집니다. 익숙해진 후에 원상태로 돌아가려면 병원에서 전염병을 치료하는 것처럼 철저한 격리와 치료 과정이 필요합니다. 모르고 살 때가 좋을 것 같지만 한시라도 빨리 깨닫고,

지금 당장 과정의 대가를 감당하는 것이 그날에 벌거벗은 채로 발견되는 것보다 훨씬 낫지 않겠습니까? 아무것도 섞인 것이 없는 원래의 물과 그 물맛을 알게 되면 이제는 더러워진 물과 많은 화학물질이 들어간 오염된 물을 마신다는 것은 고통스럽습니다.

바울 사도는 "세월을 아끼라 때가 악하니라"(에베소서 5:16)고 권면합니다. 우리 모두에게 참으로 시의적절한 말씀입니다. 이제 말씀과 기도와 때로는 영혼을 괴롭게 하는 금식을 통해 우리 속에 있는 모든 거짓된 것을 제하고 끊어나가야 하는 과정이 남아 있습니다. 우리 영혼이 소성되기위해, 죄인인 구원의 바른길을 걸어가기 위해 힘들지만 반드시 거쳐야 하는 과정입니다.

말씀의 빛

> 주의 말씀을 열면 빛이 비치어 우둔한 사람들을 깨닫게 하나이다
>
> 주의 얼굴을 주의 종에게 비추시고 주의 율례로 나를 가르치소서
>
> 시편 119:130, 135

하나님은 자신의 말씀을 반드시 지키십니다. 자신이 하신 말씀을 지키시기 때문에 하나님에게는 회전하는 그림자가 없습니다(야고보서 1:17). 회전하는 그림자가 없다는 것은 하나님의 영원성을 말합니다. 유한한 우리는 움직일 때마다 소리를 냅니다. 그것이 우리가 유한한 존재라는 증거입니다. 그러나 우리도 부활하게 되면 영원한 존재가 되어 회전하는 그림자가 없다는 의미를 알게 될 것입니다. 누가 광야를 글이나 말로 표현할 수 있습니까? 유한한 우리가 그 시간을 헤아릴 수 없는 태고의 신비 가운데 있는 광야를 어

떻게 우리의 언어로 표현할 수 있습니까? 무한한 것은 그저 보는 것으로 족합니다.

광야뿐일까요? 아닙니다. 하나님이 창조하신 모든 것이 그러합니다. 우리는 생명이 창조되는 과정을 알지 못합니다. 어떻게 둘이 하나가 되어 또 하나의 생명을 만들 수 있는지, 눈에 보이지 않는, 손으로 만질 수 없는, 순간에 지나가면 자취도 남지 않는 그것들 안에 하나님의 형상이 담길 수 있는지 우리는 설명하지 못합니다. 들에 핀 작은 꽃을 보십시오. 그 수를 셀 수 없으며 그 종류를 다 알 수 없습니다. 온 지구에 흩어져 자라는 꽃들의 형상은 다 다르지만, 같은 것들은 어디에 흩어져 있든지 꽃술의 수효가 같고 색깔과 모습도 동일합니다. 이 세상에 존재하는 모든 것은, 하나님의 창조에 속한 모든 것은 창조의 형상을 그대로 가지고 있으며 그 존귀는 창조주에게서 나옵니다.

하나님이 거룩하시기 때문에 하나님의 형상대로 창조된 우리도 거룩한 것입니다. 그러나 인간은 존재하기 시작한 그 순간부터 하나님을 떠났습니다. 그래서 우리는 죄를 가지고 태어납니다. 그것이 우리의 죄입니까? 아닙니다. 아담의 죄입니다. 하지만 아담도 죄를 짓기 위해 태어나지는 않았습니다. 그러면 하와의 죄입니까? 아담도, 하와도 태어날 때부터 죄인은 아니었습니다. 뱀이 그들을 속였고 하나님은 짐짓 그것을 허락하셨습니다. 이것이 우리의 실존reality 입니다. 우리가 죄를 짓지 않았음에도 태어나면서부터 죄인인 것, 만약 우리가 죄인이 아니라면 죽지 않겠지만, 이 땅에 태어난 모든 사람이 죽기 때문에 우리가 죄인인 것입니다. 또 사람들이 한날한시에 태어나도 같은 곳으로 가지 않습니다. 인간을 제외한 모든 피조 세계는 늘 자기 자리를 지키는데 왜 인간은 태어나면서부터 하나님을 거역하는 걸까요?

여기에 한 가지 신비가 있습니다. 말씀을 읽으면 읽은 만큼, 말씀을 먹으면 먹은 만큼, 말씀을 대하면 대한 만큼 수많은 질문이 우리 안에서 사라진다는 것입니다. 이것은 참으로 신비한 일입니다. 어느 누구도 답해 줄 수 없었던 그 어떤 영역도 말씀 앞에서 모든 것이 답을 얻는다는 것입니다. 그리고 자기에게 있는 고난과 가시로 인하여 감사하게 됩니다. 놀라운 일 아닙니까? 말씀 앞에서 내 인생의 모든 질문이 하나하나 풀어지면서 빛 가운데 드러날 때의 기쁨과 자유로움은 물론 그 과정이 결코 짧은 시간에 되는 것은 아니지만 일단 그 신비를 체험하면 다시 어두움으로 돌아가지는 않을 것입니다.

우리는 선택하지 않은 과거에 대한 수많은 질문에 아무리 애써도 답을 얻지 못합니다. 또한 미래에 대한 그 어떤 대안이나 시원한 해결책도 없습니다. 그러나 말씀 앞에 나아갈 때, 말씀의 빛이 우리의 영혼을 비추면 과거도 미래도 더 이상 본향을 향한 우리의 여정에 걸림돌이나 두려움이 되지 않습니다. 오히려 그 빛 가운데 과거가 선명히 보여서 동일한 실수를 범하지 않게 해주고, 그 빛이 우리의 갈 길을 비추어서 수많은 유혹과 미혹의 바다를 마른 땅처럼 걸어서 무사히 본향으로 직행하게 해줍니다. 오늘이라는 생명의 한 날은 선택을 위해 주신 하나님의 선물입니다.

16

남은 시간

> 우리에게 우리 날 계수함을 가르치사 지혜로운 마음을 얻게 하소서
>
> 시편 90:12

땅과 땅에 충만한 것과 세계와 그 가운데 사는 자들은 다 여호와의 것입니다. 그러나 이스라엘은 천하 만민 중에서 여호와의 소유(시편 78:71, 예레미야 51:19)이고, 이스라엘 땅은 온 세계 가운데서 여호와의 분깃(예레미야 2:7, 에스겔 38:16)입니다. 이는 이스라엘 열두 지파 중에서 레위인을 구별하셔서 하나님을 섬기며, 증거 성막에 대한 책임을 지키게 하신 것과 같습니다.

우리는 왕 같은 제사장입니다. 예수 그리스도께서 각 족속과 방언과 백성과 나라 가운데서 우리를 그분의 피로 사서 하나님께 드리고 하나님 앞에서 나라와 제사장들로

삼으셨습니다(요한계시록 5:9-10). 이처럼 우리의 부르심은 왕직과 제사장직을 겸합니다. 세상에서 우리의 역할을 수행하면서, 또 하나님의 일을 하도록 하나님께서 우리를 그렇게 부르셨습니다. 이 겸직은 서로 충돌하지 않으며 조화를 이룹니다.

이는 아르바이트를 하는 학생에 비유할 수 있습니다. 신분은 학생이지만 생계와 여러 이유로 직업을 갖는 것입니다. 그런데 돈 버는 재미에 빠져서 자신의 본분을 잃어버리면 그냥 돈 버는 자가 됩니다. 무엇이 옳으냐, 무엇이 더 지혜로운 결정이냐를 떠나서 본질은 자신의 본분을 놓쳤다는 것입니다. 돈은 본질이 아니라 수단임에도 돈이 전부인 것처럼 사람을 속이고 아무렇지도 않게 본분을 망각하게 하는 것이 바로 돈의 힘입니다.

생각해 보십시오. 만물의 소유주이신 그분의 자녀로 살면서 만물 가운데서 나에게 떼어 주신 영역—나라와 권세와 온 천하 나라들의 위세(다니엘 7:27)—을 다스리는 왕 같은 제사장이 되어 소멸하지 않고 멸망하지 아니할 영원한 나라에서 살 것인지, 아니면 잠시 후에 불타서 존재 자체가 없어질 세상을 위해 살 것인지를……

"믿음은 바라는 것들의 실상이요 보이지 않는 것들의 증거니 선진들이 이로써 증거를 얻었다"(히브리서 11:1-2)고 말합니다. 아벨, 에녹, 노아, 아브라함뿐만 아니라 허다한 믿음의 선진들이 땅에서는 외국인과 나그네로 살았지만, 하늘에 있는 더 나은 본향을 바라보고 환영하며 믿음으로 살다가 모두 믿음을 따라 죽었습니다. 그들은 지금 살아계신 하나님의 도성, 하늘의 예루살렘에서 구름같이 우리를 둘러싼 증인들로 있습니다.

새 언약의 중보자이신 그리스도께서 범죄한 우리를 위해 죽으심으로 부르심을 입은 자들에게 영원한 기업을 약속하셨습니다. 하나님은 약속을 기업으로 받은 자들에게 그 뜻이 변하지 않는다는 약속을 성령으로 인치셨습니다.

모든 것은 지나갑니다. 그러나 지나간 것은 사라지지 않고 영원한 곳으로 들어갑니다. 시간은 생명입니다. 모든 사람이 동일하게 하루를 살지만, 말씀으로 구속redeem 한 시간만이 영생으로 옮겨지고 말씀으로 살지 않은 시간은 소멸합니다.

지구 온난화로 인해 온 세계에 집중호우와 폭풍우가 빈발하고, 고온 현상에 의한 가뭄으로 걷잡을 수 없는 거대한 산불이 미국과 시베리아와 호주 등지에서 일어나 생태계가 파괴되고 있습니다. 영구 동토와 빙하가 녹으면서 해수면 상승으로 인한 전 지구적인 침수 피해와 식수난 위기가 점점 심각해지지만 어느 누구도, 어떤 나라도 시원한 해결책을 제시하지 못하고 있습니다. 과연 지구는 얼마나 더 버틸 수 있을까요? 우리 세대는 어떻게 피해간다 해도 우리의 자녀들은 어떤 세상을 살게 될까요? 도대체 인류에게 남은 시간은 과연 얼마나 될까요?

17

완성된 퍼즐

> 무화과나무의 비유를 배우라 그 가지가 연하여지고 잎사귀를 내면 여름이 가까운 줄을 아나니 이와 같이 너희도 이 모든 일을 보거든 인자가 가까이 곧 문 앞에 이른 줄 알라 내가 진실로 너희에게 말하노니 이 세대가 지나가기 전에 이 일이 다 일어나리라 천지는 없어질지언정 내 말은 없어지지 아니하리라 마태복음 24:32-35

왕이라고 다 좋은 것은 아닙니다. 때를 잘 만나야 합니다. 나라를 세울 때는 수많은 어려움이 있지만 결국에는 잘 극복하고 왕좌에 올라 영광과 권세를 누립니다. 나라의 중간기에는 이런저런 어려움이 있겠지만 그래도 나라가 서 있으니 괜찮습니다. 그러나 나라가 망할 때는 비운 중의 비운입니다. 왕뿐만 아니라 왕 곁에 있는 모든 자들-아내, 자식, 고관, 백성-이 나라와 함께 망합니다. 그때는 인간의 존

엄성은 존재하지 않습니다.

많은 환경론자가 지구의 수명을 걱정합니다. 진화론자들은 기술을 통해 질병과 죽음을 초월한 '신인류트랜스 휴머니즘'로의 진화를 말합니다. 신학자들은 옳은 소리를 하지만 종말에 대해서는 말하지 않습니다. 초과학자들은 지구에 대한 모든 진단을 끝내고 다른 행성으로의 이주를 서두르고 있습니다.

우리의 눈에는 인류 역사가 끝나가는 것이 보이는데 왜 다른 사람들의 눈에는 보이지 않는 걸까요? 이것은 한 왕조에서 다른 왕조로 넘어가거나, 한 문명이 끝나고 다른 문명이 시작되는 것과는 차원이 다른 것입니다. 나이 들어 허리가 굽고 모든 것이 후패해진 노인이 한순간에 변화산의 예수님처럼 되는 것이며, 땅에 묻혀 티끌이 된 자가 한순간에 아름다운 부활체가 되는 것입니다. 이러한 변신은 거지 소년이 하루아침에 왕의 상속자가 되어 궁궐로 들어가는 것과는 다른 것입니다. 이것은 소설이 아니라 실제이며, 꿈이 아니라 멀지 않은 장래에 우리의 현실이 될 것입니다.

하나님께서 "보라 내가 북쪽 모든 종족과 내 종 바벨

론의 왕 느부갓네살을 불러서 이 땅과 그 주민과 사방 모든 나라를 쳐서 진멸하여 폐허가 되게 할 것이며 이 민족들은 70년 동안 바벨론 왕을 섬길 것"이라고 말씀하셨습니다(예레미야 25:9-11). 이것은 예레미야 때에 살았던 땅의 모든 민족을 향한 하나님의 경륜입니다. 요시아 왕 13년부터 예루살렘이 사로잡혀가는 그날까지 40년 동안 하나님은 예레미야 선지자를 통해 하나님의 뜻을 선포하셨고, 유다 왕조의 마지막 22년 동안에는 집중적으로 말씀하셨습니다(예레미야 1:1-3).

시드기야 왕은 애굽과 앗수르 연합군이 신흥 제국 바벨론과의 전쟁에 참패하면서 앗수르 제국은 역사 속에서 사라지고, 애굽이 완전히 쇠퇴하는 것을 보았고, 두 형이 세력 구도 사이에서 비참한 최후를 맞은 것과 어린 조카 여호야긴이 포로가 되어 바벨론으로 끌려간 것을 두 눈으로 똑똑히 보고서도 하나님의 말씀을 끝까지 의심했습니다. 결국 그는 두 눈이 뽑히고 놋사슬에 매여 바벨론으로 끌려가 비참한 최후를 맞습니다(예레미야 52:11). 하나님은 그에게 11년의 시간(왕위 즉위부터 예루살렘 최후의 날)을 주셨습니다. 최후의 순간까지 기회를 주셨고 기다리셨습니다.

오늘날 하나님께서 우리 세대에게 하시는 말씀은 무엇입니까? "이스라엘 나라가 다시 회복되면 그 세대가 가기 전에 내가 문 앞에 이른 줄 알아라"(마태복음 24:32-34)입니다. 주님께서 다시 오신다는 약속입니다. 성경을 보면 세상이 보이는 것은 성경은 하나님 구원 역사의 청사진이기 때문입니다.

21세기는 지난 1900년 동안 잃어버린 퍼즐 한 조각, 이스라엘을 다시 찾은 시대입니다. 주님이 말씀하신 바로 그때입니다. 성경을 펼쳐 놓고 선입관을 버리고 겸손한 마음으로 '이스라엘'이라는 퍼즐 조각을 제자리에 끼워 보십시오. 우리가 정말 하나님을 사랑한다면 이스라엘을 통해 하나님의 시간표를 알게 하실 것입니다. 우리에겐 아직 시간이 있습니다.

자다가 깰 때

> 또한 너희가 이 시기를 알거니와 자다가 깰 때가 벌써 되었으니 이
> 는 이제 우리의 구원이 처음 믿을 때보다 가까웠음이라
>
> 로마서 13:11

영원하신 하나님은 우리에게 소멸하지 않는 영원한 나
라를 믿음에 대한 보상으로 주셨습니다. 그 믿음도 내가 지
키는 것이 아니라 오직 주께서 성령을 통해 이루어 주십니
다. 우리가 할 일은 믿는 것이고, 순종하면 그때부터는 상급
이요 영광입니다. 세상 임금이 다스리는 나라에는 이런 보
상이 없습니다. 밤낮없이 일하고, 공부하고, 연구해도 자기
가족 하나 건사하기도 빠듯합니다. 이 세상에는 재벌, 천재,
난세의 영웅들이 있지만 그들의 삶을 자세히 들여다보면
평강이 없습니다.

이 땅에 태어난 모든 인생이 고난의 바다에서 힘들게 살 수밖에 없는 이유는 우리의 출발이 형벌에서 시작되었기 때문입니다(창세기 3:16-17). 우리는 죽을 수밖에 없는 존재로 이 땅에 태어나서(로마서 5:12) 영원으로 들어가는 간이역 같은 이 땅의 시간을 살아갑니다. 우리 모두에게는 부모와 조상이 있지만 아담 이전의 시간에 대해서는 알 길이 없습니다. 예수님이 다시 오시면 새롭게 된 이 땅에 메시아가 다스리는 의와 평화의 나라가 천 년 동안 있다고 성경은 말합니다. 하지만 그 이후의 시간은 우리가 아담 이전의 시간을 알지 못하는 것처럼 알 수 없습니다.

하나님은 영원하시고 그 나라는 영원한 나라입니다. 하나님은 영원의 한 시점에 우리의 구원을 위해 지구라는 한 별을 택하시고, 그 영원 속에서 7천 년의 시간을 창조하셔서 한 영혼 한 영혼을 그 시간 속으로 보내고 계십니다. 그래서 인생은 간이역입니다. 도대체 우리 가운데 누가 그 영원을 더듬어 헤아릴 수 있으며, 하나님이 만드셔서 하늘에 흩어 놓으신 100조 개가 넘는 별들의 수를 셀 수 있습니까? 그 별들의 수효를 세시며 이름대로 부르시는(시편 147:4) 그분이 눈 깜짝할 사이에 지나가는 간이역에 불과한 인생들을 이름대로 불러 주시며 당신 곁으로, 그분의 영원한 나라로 값없이 초청해 주셨습니다.

우리가 믿는 그분은 도대체 어떤 분이며, 우리는 그분을 얼마나 아는 걸까요? 성경 66권은 그분의 이야기입니다. 단어와 문장과 사건이 다 그분의 이야기이고, 단어와 단어를 연결하면 영원으로 이어집니다. (이것이 성경에 마침표가 없는 이유이다.) 성경은 "세월을 아끼라 때가 악하니라"고 말합니다(에베소서 5:16). 이 말씀은 흘러가는 시간의 바닷속에서 믿음과 순종으로 무심히 흘러가는 시간을 구속redeem하라는 뜻입니다.

우리는 하루 전부를 하나님을 위해, 그분의 나라와 그분의 뜻을 위해 살기는 어렵습니다. 그러나 깨어 있다면, 나의 이 순간이 영원에 잇대어 있다는 것을 안다면 의미 없이 보내는 시간이 불편해질 것입니다. 어장에 물고기를 가득 모아 놓고 누구든지 와서 원하는 대로 잡아가라고 하면 어떤 사람이 빈 바구니로 돌아가겠습니까? 그러나 빈 바구니로, 초라한 바구니로 돌아가는 사람들이 의외로 많은 것은 왜일까요? 그것은 많은 사람이 맹인이기 때문입니다. 알아야 할 것은 우리는 맹인으로 태어나며, 우리의 눈으로 목격

하는 세계는 가시적인 것들, 즉 지나가는 것들이라는 것입니다. 우리는 유한한 존재이며 우리의 구원을 위해 창조된 시간도 하나님의 구속사가 끝나면 다시 영원으로 흡수될 것입니다. 이 땅은 임시 처소입니다. 우리가 이 땅이 좋아서 이곳에서 영원히 살겠다고 해도 시간은 흘러가고, 그 시간이 끝날 때 우리는 영원으로 옮겨집니다.

이제 하나님께서 잃어버린 자녀들을 그분의 나라로 부르시기 위해 세팅하신 이 땅의 시간이 끝나가고 있습니다. 에녹은 죄악이 관영했던 세상에서 우리처럼 자녀를 낳고 살던 사람입니다. 에녹이 65세에 아들을 낳았을 때, 하나님은 "이 아이가 죽을 때 내가 세상에 심판을 보내겠다"고 하시면서 '므두셀라'라는 이름을 주셨습니다. 에녹은 하나님 말씀을 받은 그때부터 하나님과 동행하면서 세상에 임할 하나님의 심판을 예언했고(유다서 1:14-15), 므두셀라가 죽던 해, 곧 노아가 600세 되던 해 땅에 홍수가 났습니다(창세기 7:11).

우리는 이스라엘을 통해 하나님 구속사의 시간표를 알고, 그 마지막을 알리는 자명종 소리에 자다가도 벌떡 일어나야 합니다. 그리고 이제부터 에녹처럼 하나님과 동행하는 삶을 살면서, 온 세상에 임하여 땅에 거하는 자들을 시험할 그때가 다가오고 있음을 부지런히 전해야 합니다. 이것이 '이스라엘을 안다'는 것입니다.

19

성령을 따라 행할 때

> 내가 이르노니 너희는 성령을 따라 행하라 그리하면 육체의 욕심을
> 이루지 아니하리라 갈라디아서 5:16

우리는 종종 '나 하나쯤이야' 하는 생각을 할 때가 있습니다. 다니엘서 2장의 느부갓네살 왕이 꿈에서 본 큰 신상은 2600년 역사를 흐르는 세상 제국들의 이야기입니다. 이 기간 동안 수많은 왕과 지도자들이 일어났고, 나라들이 흥망성쇠를 거듭했고, 큰 전쟁들이 있었으며, 그 역사의 부침 속에 태어난 사람들의 수는 바닷가의 모래처럼 헤아릴 수도 없습니다. 또 한 사람 한 사람의 이야기를 기록으로 남기려면 하늘을 두루마리로 삼고 바다를 먹물 삼아도 다 기록할 수 없습니다.

나 한 사람의 이야기는 나만의 이야기가 아니라 나의

일생을 통해 만난 수많은 사람, 즉 나의 혈육에서 시작하여 사돈의 팔촌, 가까운 친구들에서 시작하여 학교 동창들, 학교 선생님과 멘토들, 직장 상사와 동료들, 사회생활에서 만난 사람들, 우연히 만나 작은 사건을 만들고 헤어졌던 사람들, 자녀를 낳은 후에는 자녀로 인해 연결된 수많은 관계에 이르는 모든 사람의 이야기이기 때문입니다. 또 일생을 통해 끊임없이 형성되는 관계망이 당대에 끝나는 것이 아니라, 자녀 세대로 대물림되면서 확장된다는 것을 안다면 우리는 결코 '나 하나쯤이야'라는 말을 쉽게 할 수 없습니다.

잠시 시간을 내서 스스로를 돌아보기 위해 어린 시절로 돌아가 생각나는 대로 기억의 창고에서 하나하나 꺼내서 노트에 적는다면 이내 포기할 것입니다. 그럴 시간도 없고, 그 작업이 얼마나 복잡한 것인지 곧 알게 되기 때문입니다. 굳이 이제 와서 돌이킬 수 없는 과거를 반추하는 것이 무슨 의미가 있을까요?

어떤 유대인은 족보를 거슬러 올라가 보니 백 대 조상이 다윗 왕이었습니다. 그가 보여 준 족보Family Tree에는 그 자신부터 다윗 왕에 이르기까지 백 대에 걸친 조상들의 이름이 한 대도 빠지지 않고 자세하게 기록되어 있었습니다.

또 러시아에 사는 유대인들의 알리야(고국 귀환)를 돕는 어떤 단체의 보고에 의하면, 그 넓은 러시아 땅 어느 작은 마을 보육원에 유대인으로 추정되는 한 여자아이가 있다는 보고를 받고, 그 지역 유대인 족보청에서 보육원 자료를 바탕으로 아이의 출생을 수년 동안 역추적해서 이스라엘 땅으로 데리고 왔다고 합니다.

왜 유대인들은 바울 시대는 물론이고 오늘날까지 족보에 착념하는 것일까요? 그들이 유별나서 그럴까요? 아닙니다. 하나님이 유별나신 것입니다. 잃어버린 자녀는 반드시 찾으시며, 그 자녀에게 당신의 왕국을 주시는 것이 하나님의 뜻이기 때문입니다. 그래서 예수님도 "내가 하늘에서 내려온 것은 내 뜻을 행하려 함이 아니요 나를 보내신 이의 뜻을 행하려 함이니라 나를 보내신 이의 뜻은 내게 주신 자 중에 내가 하나도 잃어버리지 아니하고 마지막 날에 다시 살리는 이것이니라"(요한복음 6:38-39)고 말씀하셨습니다. 결국 나 한 사람이 하나님 앞에서 얼마나 소중한 존재이며 또 내가 어떤 삶을 사느냐가 사람들에게 끼치는 영향력은 생각보다 훨씬 크다는 것입니다.

오늘날 우리의 삶은 왜 이토록 어질러졌고, 세상은 돌

이킬 수 없을 정도로 망가져버린 걸까요? 나라와 나라는 고사하고 어떻게 부모와 자녀 간에도 극과 극으로 갈라질 수 있을까요? 첫째는 마귀 때문이요, 둘째는 우리가 하나님께 묻지도 않고, 말씀에 순종하지도 않았기 때문입니다. 마귀로 인한 세상의 악은 심판자이신 하나님께 속한 것이지만, 하나님의 자녀인 우리가 생명을 주신 하나님께 묻고 순종하지 않음으로 발생한 모든 악에 대한 책임은 우리에게 있습니다. 여기서 우리가 주목할 것은 '하나님의 안타까움'입니다. 왜냐하면 심판은 우리가 행한 것에 따라 영원한 상속이 결정되는 상급 심판이기 때문입니다.

아름답고 진귀한 보석으로 가득 찬 창고를 열어 놓고, 논에 낟가리를 가득 쌓아 놓고, 누구든지 와서 가져가라고 하면 누가 그 수고를 마다하겠습니까? 그런데 왜 왕국의 상속자인 우리의 하늘 창고는 차고 넘치지 못하는 걸까요? 우리를 그리스도 안에서 굳건하게 하시고 기름 부으신 하나님은 하늘에 있는 영원한 기업의 보증으로 우리 마음에 성령을 주셨습니다(고린도후서 1:21-22). 그리고 성령을 따라 행하는 자에게 나타나는 성령의 열매 곧 사랑, 희락, 화평, 오래 참음, 자비, 양선, 충성, 온유, 절제로 하늘에 있는 우리의 집을 지으십니다. 우리가 성령을 따라 행할 때, 깨어지고 망가지고 무너진 우리의 모든 관계 가운데 회복이 시작될 것이고, 세상은 우리를 통해 하나님을 볼 것이며, 우리의 하늘 창고는 차고 넘치게 될 것입니다.

20

돌아오라

> 그런데 이스라엘 족속은 이르기를 주의 길이 공평하지 아니하다 하
> 는도다 이스라엘 족속아 나의 길이 어찌 공평하지 아니하냐 너희
> 길이 공평하지 아니한 것 아니냐 주 여호와의 말씀이니라 이스라엘
> 족속아 내가 너희 각 사람이 행한 대로 심판할지라 너희는 돌이켜
> 회개하고 모든 죄에서 떠날지어다 에스겔 18:29-30

인본주의는 인간이 중심입니다. 그러나 하나님 나라는
모든 것이 하나님으로부터 시작됩니다. 천지를 창조하신
분도, 인간을 이 땅에 있게 하시고 인간 세상을 다스리는
분도, 만물의 이치를 주장하는 분도, 모든 이론과 과학을 있
게 하신 분도, 빛과 어둠, 평안과 환난을 지으신 분도 하나
님입니다. 하나님 앞에서 인간은 피조물이고 그분의 섭리
와 다스림 안에 있으며, 인간이 자기의 자리를 지킬 때 이

세상에 평화와 복과 안녕이 있습니다.

그러나 하나님의 형상대로 지음받은 인간은 처음부터 범죄했고, 범죄함으로 사망이 들어왔습니다. 범죄함은 인간을 사망의 굴레로 끌어갔고, 그때부터 인간은 사망의 종이 되어 사망의 왕에게 굴복하게 된 것입니다. 죄는 선을 넘는 것입니다. 하나님께서 지정하신 영역을 벗어나는 것입니다. 이 형벌은 사망에 속한 자들을 위한 것입니다. 그래서 하나님께서 가인에게 "너는 죄를 다스릴지니라"(창세기 4:7)고 말씀하신 것입니다.

첫 사람 아담이 실패하고 첫째 아들 가인이 둘째 아들 아벨을 살해한 이후, 인류는 죄를 다스린 자들과 다스리지 못한 자들로 나누어졌습니다. 아담 이후로 오늘까지 무수한 문명사의 변천과 나라들의 흥망성쇠와 바닷가의 모래알처럼 많은 사람이 이 땅에 왔다 갔지만 결론은 언제나 두 가지였습니다. 영원한 생명을 얻은 자들과 영원한 멸망으로 들어간 자들입니다.

인본주의는 인간이 주체가 되고 하나님 나라는 하나님께서 주체가 되십니다. 그래서 구분이 아주 명확합니다. 우리 삶에 일어나는 모든 일을 하나님의 관점에서 보면 하나님 나라를 사는 것이고, 인간이 주체가 되면 하나님과는 전혀 상관이 없는 세상 나라를 사는 것입니다. 이 둘 사이에는 타협점이 없고 두 나라는 서로 충돌합니다. 그런데도 우리가 세상에서 아무런 갈등 없이 잘 산다는 것은 우리 안에 진리가 없다는 것입니다.

성경 어디에도 어두움을 포용하고, 선을 이루기 위해 악을 용인하라는 말씀은 없습니다. 우리가 이 세상에서 평화롭게 살기를 선택하는 이유는 참보다 거짓을 사랑하고, 공의가 아니라 사욕을 따르기 때문입니다. 지난 세월 동안 소위 하나님의 백성이라는 우리가 자신을 속이며, 마음의 소욕을 따라왔다는 증거가 바로 모든 것이 극단적으로 갈라진 이 세상입니다.

왜 나라마다 가정마다 공동체마다 양극단으로 치닫고 있습니까? 누가 분열의 아비입니까? 누가 우리와 하나님 사이를 이렇듯 갈라놓았습니까? 마귀가 어떻게 하와를 속였으며 하와는 어떻게 아담의 마음을 하나님에게서 훔쳐 갔습니까? 모두가 거짓의 아비 마귀가 한 짓이고 우리는 하나같이 마귀에게 속아 넘어갔습니다. 우리가 속는 것은 우리 안에 진리가 없기 때문입니다.

이제는 우리가 하나님 나라에 속했는지 아니면 여전히 거짓의 아비에게 속했는지 돌아보아야 합니다. 주님이 무엇이라고 말씀하셨습니까? "내 양은 내 음성을 듣고 그 음성을 따라온다"(요한복음 10:27)라고 하셨고, "내 나라는 이 세상에 속하지 않았다"(요한복음 18:36)라고 말씀하셨습니다. 하나님은 우리를 버리신 적도, 마귀에게 넘기신 적도 없습니다. 다만 우리가 사리사욕에 눈이 어두워 자기 영혼을 마귀에게 빼앗겼을 뿐입니다. 주께서 강한 자(마귀)를 결박하시고 그 손에서 우리를 자유롭게 해주셨음에도 우리는 스스로 팔려 마귀에게 돌아갔으니 그런 자들은 그에 대한 대가를 지불해야만 자유롭게 될 것입니다.

주님은 말씀하십니다. "너희는 이제라도 돌아오려거든 돌아오라. 내게로 오는 자들을 나는 거절치 않을 것이며 마지막 날에 반드시 그를 일으킬 것이다. 너희는 내게로 나아와 귀를 기울이고 들으라. 너희는 어찌하여 내가 공의롭지 못하다고 하는가? 나는 항상 거리에서, 광장 모퉁이에서 외쳤거늘 너희는 어찌하여 나를 편협하다고 하면서 끝까지 나를 이기려 하는가? 내 백성들아, 성경에 무엇이라 기록하였느냐? '여호와의 크고 두려운 날이 이르기 전에 너희는 모세의 율법 곧 내 말을 기억하라'고 하였다. 그것이 말라기 시대에만 적용되는 말씀이냐? 아니다. 지금이 곧 말라기 선지자의 때니라. 이는 그 후로 아직 그날이 임하지 않았음이라. 너희들 가운데 어떤 무리가 '조상들이 잔 후로부터 만물이 처음 창조될 때와 같이 그냥 있다'라고 말하는 것처럼 너희가 시집가고 장가가고 먹고 마시고 하는 그 순간에 홀연히 내가 임하리니 피할 자가 없을 것이다.

내 백성들아, 너희는 이제라도 내게로 돌아와 나의 말이 얼마나 엄중한지 깨달아야 할 것이다. 내 말 중에서 이루어지지 않은 것이 있다면 어찌 이 말씀이 능히 서리요.

'내가 시초부터 종말을 알리며 아직 이루지 아니한 일을 옛적부터 보이고 이르기를 나의 뜻이 설 것이니 내가 나의 모든 기뻐하는 것을 이루리라 하였노라'(이사야 46:10).

두려워하라, 내 백성들아, 너희가 평안하다 안일하다 하며 먹고 마시면서 나 만군의 여호와를 멸시하는데 그날에 내 말이 기필코 다 응하리니 너희가 그날에야 내가 그인 줄 알 것이다. 보라, 지금은 자다가 깰 때가 되었으니 너희 구속이 가까웠음이라. 깨어 기름을 준비하는 자들이 복이 있음은 그들이 나의 혼인 잔치에 참여할 것임이라. 그러나 여전히 나를 멸시하고 내 말을 멸시하는 자들은 그날에 내게 속한 자와 속하지 않은 자를, 의인과 악인이 누구인지를 보게 될 것이다."

Part 2

푯
대
를 향
하
여

너희는 이전 일을 기억하지 말며 옛날 일을 생각하지 말라 보라 내가 새 일을 행하리니 이제 나타낼 것이라 너희가 그것을 알지 못하겠느냐 반드시 내가 광야에 길을 사막에 강을 내리니 이사야 43:18-19

신년new year 이 우리의 마음을 설레게 하는 것은 또 하나의 여정journey 이 시작되기 때문입니다. 우리는 태어나는 그날부터 이 땅을 떠나 영원한 집으로 돌아가는 그날까지 여행을 합니다. 어떤 이는 요람에서 지옥으로, 어떤 이는 요람에서 천국으로 갈 것입니다.

세상은 2020년이 5G 시대의 원년이 될 것이라고 합니다. 러시아의 고르바초프 대통령이 사용하던 벽돌만 한 전화기가 아직도 생생하게 기억납니다. 2000년 초에 음성

과 문자, 영상 통화까지 가능한 3G 폰이 등장하더니 10년
이 채 되기도 전에 언제 어디서나 인터넷에 접속할 수 있는
4G 스마트폰이 나오면서 마치 신세계가 펼쳐진 것 같았습
니다.

사람들은 손바닥만 한 스마트폰 속에서 살다시피 했
고, 스마트폰이 낳은 신인류라는 의미의 신조어 '포노 사
피엔스Phono Sapiens'라는 용어까지 등장했습니다. 스마트
폰이 인류의 신역사를 연 것입니다. 지금의 스마트폰으로
도 통화하거나, 인터넷 검색을 하고 좋아하는 영화나 드라
마를 시청하기에 아무 부족함이 없습니다. 속도도 이 정도
면 충분하다고 생각했는데, 세상은 어느새 5G 시대를 위한
만반의 준비를 하고 그 시대를 우리 앞에 가져다 놓았습니
다. 3G 시대에는 영화 한 편 다운받는데 7분, 4G 시대에는
43초, 5G 시대에는 1초면 끝난다고 합니다. 그야말로 지구
촌 70억 인구가 온 지구를 덮고 있는 인터넷 그물망 안에서
분초 단위로 움직이며 살아가는 세상이 온 것입니다.

올 한 해도 우리는 늘 그래왔던 것처럼 영원한 집을 향
한 여정을 계속할 것입니다. 그러나 이제부터 우리가 살아
가게 될 세상은 더 이상 우리에게 친근한 세상이 아닐 것입

니다. 기계와 사람이 공존하며, 가상과 현실이 구분이 안 되는 공상 과학 영화 같은 세상에서 우리 그리스도인은 어떻게 살아야 합니까? 이 세상을 따라가기 위해 함께 뛰어야 할까요, 아니면 초연해야 할까요? 세상을 지배하는 힘을 무시할까요, 아니면 그 앞에서 절할까요?

눈은 우리 몸의 등불입니다. 눈이 순전하면 온몸이 밝을 것이고 눈이 나쁘면 몸도 어둡다고 했습니다(누가복음 11:34). 상상이 현실이 되는 이 현란한 세상을 사랑하여 좇게 되면 우리의 눈이 어두워져 마땅히 가야 할 길을, 본향으로 가는 그 길을 잃게 될 것입니다. 그러나 우리의 눈을 오직 주님께 고정하고 하나님 말씀대로 살기로 뜻을 정하고 또 그렇게 산다면 신실하신 주님께서는 우리를 반드시 생명의 길로 인도하실 것입니다. 우리의 믿음은 더욱 견고해질 것입니다.

우리는 어제와 오늘 그리고 내일의 차이를 별로 생각하지 않습니다. 매일의 삶이 힘들다고 생각합니다. 그런데 하나님은 매일 우리의 삶을 새롭게 하기를 원하십니다. 그래서 어제는 잊어버리라고 하시고 오늘의 삶을 격려하시고 내일을 기대하라고 힘을 주십니다. 하나님은 우리 삶 가운데 매일 새 일을 행하십니다. 우리가 하나님을 진정 믿으며 동행하면 우리의 삶은 작은 기적의 연속이 될 것입니다.

올 한 해도 하나님의 말씀과 기도 안에서 주님과 동행하기로 뜻을 정하고, 믿음의 발걸음을 힘차게 시작한 우리 모두에게 승리의 기쁨과 형통함이 있기를 간절히 기원하며 축복합니다.

22

주파수 맞추기

> 내 양은 내 음성을 들으며 나는 그들을 알며 그들은 나를 따르느니라
>
> 요한복음 10:27

몇 년 전 여름, 미국의 어느 도시에서 며칠 머문 적이 있습니다. 그 집 여주인은 너무 바빠서 집을 돌보지 않았고, 부엌은 매우 불결했습니다. 부엌에 있는 쓰레기로 꽉 찬 쓰레기통을 열었는데 구더기가 보여서 쓰레기 봉지를 들어내 밖에 있는 큰 쓰레기통에 넣었습니다. 이틀 후 쓰레기를 수거하는 날, 외국인들에게 한국 사람에 대한 안 좋은 인상을 심어 줄 것 같은 노파심에 쓰레기통 뚜껑을 여는 순간 온몸이 감전되는 줄 알았습니다. 쓰레기통 안은 그야말로 구더기 세상이었습니다. 그때 깨달은 것은 구더기는 환경만 조성되면 저절로 생겨 순식간에 번식한다는 것입니다.

바이러스Virus. 독물. 독소로 인한 재앙은 어제오늘의 일이 아닙니다. 역대급으로는 6~8세기 사이에 약 1억 명의 목숨을 앗아간 유스티니아누스 역병, 14세기에 유럽에서 창궐하여 7,500만~2억 명의 희생자를 낸 페스트, 1918~1919년 미국에서 발생하여 전 세계적으로 5천만 명 이상이 죽은 스페인 독감이 있습니다. 21세기에 들어와서는 2002년 중국에서 시작된 사스, 2009년 멕시코에서 시작하여 100여 개 나라로 확산된 신종 플루H1N1, 2014년 서아프리카의 에볼라 바이러스, 2015년 중동에서 시작된 치사율 35퍼센트의 메르스, 그리고 최근의 코로나19에 이르기까지 바이러스는 강한 감염성 때문에 항상 인류의 공포의 대상이었습니다.

전문가들은 21세기에 들어서 그 어느 때보다 전염병이 자주 발생하고 독성이 강해지는 원인이 지구 온난화로 인한 기후 변화 때문이라고 말합니다. 최근 지구 온난화로 시베리아 등지의 영구 동토층이 녹으면서 휴면 중이던 고대 바이러스들이 발견되고 있습니다. 이 바이러스는 크기도 열 배나 크고 유전자 돌연변이 위험이 있어서 이에 대비하는 연구가 진행되고 있습니다. 앞으로는 상상할 수도 없는 일들이 계속 일어날 것입니다. 그것이 음모론이든, 구더

기나 바이러스처럼 창조 질서를 깨뜨린 인간에 대한 자연의 보복이든 우리의 상황은 결코 좋아지지 않을 것입니다. 미디어도, 가족도, 그 누구도 믿을 수 없는 상황에서 믿을 수 없는 얘기들이, 재난의 소식들이 여기저기서 터져 나올 때 우리는 무엇을 붙잡아야 할까요?

어느 날 갑자기 사람들이 길을 잃고, 갈 바를 알지 못하고 우왕좌왕하는 날이 올 것입니다. 그때 그들의 뒤에서 "이리로 가라. 이 길이 정로正路다"라는 음성이 들릴 것입니다. 그러나 분명히 귀에 들리는데도 대부분의 사람은 듣지 못하고(다메섹 도상에서 바울 사도에게 일어났던 일처럼), 소수의 사람만 그 소리를 듣고 그 방향으로 갈 것입니다.

이 소리는 진리의 음성입니다. 그러므로 지금부터 진리의 소리에 귀 기울이고 주파수를 맞추어야 합니다. 주파수를 맞추는 사람들만 그 소리를 듣고 따르게 될 것입니다. 나머지는 여전히 다른 주파수를, 사탄이 보내는 미혹과 불의, 거짓의 주파수에 맞출 수밖에 없습니다.

그러므로 때를 알고 깨어 준비하는 유일한 길은 일용할 양식에 만족하고 진리의 소리에 우리 영혼의 주파수를 맞추는 일입니다. 말씀을 깊이 묵상하십시오. 그래서 현실을 보면서 주님께서 하신 말씀들이 그대로 풀어지도록, 그림으로 보듯이 깨달아지도록 말입니다. 그러면 세상이 아무리 요동해도 우리의 걸음은 평강에서 평강으로 이어질 것입니다. 그러나 바른 교훈을 받지 않고 사욕을 따라가는 자들, 진리의 사랑을 받지 않고 불의를 좋아하는 사람들은 하나님께서 미혹의 역사를 보내셔서 심판받게 하실 것입니다(데살로니가후서 2:9-12). 지금은 하늘이 두 쪽 나도 하나님 말씀에 내 영혼의 주파수를 맞추고 그 말씀대로 살아야 합니다.

회개의 축복

> 하나님의 뜻대로 하는 근심은 후회할 것이 없는 구원에 이르게 하
> 는 회개를 이루는 것이요 고린도후서 7:10

　오래전 기도 모임에서 있었던 일입니다. 그날의 주제
는 '회개'였습니다. 디모데후서 3장 1-5절 말씀을 함께 읽
는데 회개의 영이 임하였고, 한 절 한 절을 읽을 때마다 회
개할 제목들이 생각났습니다. "자기를 사랑하며" 이 한 말
씀만 가지고도 온종일 회개해도 부족할 것 같았습니다. 드
디어 "사나우며"에서 우리는 모두 성령께 강하게 붙들렸습
니다. 부모가 어린 자녀에게 얼마나 함부로 하는지에 대한
성령의 강력한 질타가 계속되었습니다. 성령의 임재에 눌
려 점점 고개를 숙이다가, 무릎 사이에 머리를 넣고 흐느끼
다가, 결국은 바닥에 엎드려 울부짖으며 몇 시간을 보냈습

니다. 하나님 앞에 직고한다(로마서 14:12)는 것이 무엇인지 그때 알았습니다. 그것은 죽기를 자원하는 것이었습니다.

영 안에서 한 장면을 보았습니다. 개 주인이 귀엽고 사랑스러운 강아지를 한껏 치장해서 예쁜 목줄을 매어 뽐내며 거리를 걷는 것을 본 순간, 죽을 것 같은 고통과 경악과 두려움이 임했습니다. 불꽃 같은 하나님의 눈이 나의 심장을 찌르고 깊고 은밀한 것을 드러내실 때의 그 경악감은 말로 표현할 수 없습니다. 자녀를 하나님 말씀으로, 하나님의 뜻에 따라 양육하지 않은 죄가 그렇게 큰 것인지 정말 몰랐습니다.

세상에서 맡은 일 잘하고, 신앙생활 잘하고, 교회 잘 섬기면 되고, 부모는 자녀에게 삶의 본이 되면 된다고 생각했습니다. 그런데 하나님의 뜻은 우리의 생각과 너무나 달랐습니다. 그날의 회개 이후, 자녀가 가던 길을 돌이켜 하나님의 목적에 맞는 삶의 자리에 오기까지 십수 년의 세월이 걸렸습니다. 그 길은 내려놓음과 자기 부인의 좁은 길이지만, 그래도 감사한 것은 더는 세월을 허비하지 않았다는 것입니다. 이런 일은 하나님 말씀을 붙잡고 성령의 인도하심을 따라 살아가는 사람들에게는 결코 특별한 것이 아닙니다.

우리 보기에 그날이 그날이고, 사람들의 삶도 그 삶이 그 삶인 것 같지만 하나님께는 그렇지 않습니다. 하나님은 우리 한 사람 한 사람을 그분의 목적을 가지고 창조하셨습니다. 그러므로 성공이나 성취보다 중요한 것은 토기장이의 뜻대로 토기가 빚어지는 것입니다.

교회를 수십 년 다니고 헌신적으로 봉사했어도 인생의 핸들을 한 번도 하나님께 맡겨드린 적이 없다면 언젠가 그분 앞에 섰을 때 우리의 생각과는 너무 다른 상황에 직면할 수 있습니다. 지금처럼 회개가 절실하게 요구되는 때가 다시 오지 않을지 모릅니다. 먼저 '내 영혼의 실체를 보여 달라'고 간구하십시오. 주님 앞에 서는 것은 나의 업적과 겉사람이 아닙니다. 거듭난 속사람이 기도와 말씀과 연단을 통해 성화를 이룬 모습이 나의 영적 실체이고, 그 속사람이 하나님 나라에 들어가는 것입니다.

이런 회개를 이루기까지는 큰 노력이 필요합니다. 첫째로 주님께 온전히 집중해야 합니다. 삶의 다른 요소를 다 끊어내고 전심으로 주님께 나아가야 합니다. 무시로 기도하고, 때를 정해 기도하고, 말씀으로 부지런히 씻고, 삶을 지극히 단순화해야 합니다. 쉬운 일은 아니지만 누구나 할 수 있습니다. 의지의 문제이기 때문에 핑계할 수 없습니다. 항상 이렇게 살 수는 없지만 이런 과정을 통과하면 그 후에는 매일 손 씻는 것만으로도 정결함을 유지하며 성화를 이루는 삶을 살 수 있습니다. 운동선수가 큰 시합을 앞두고는 집중훈련을 하지만 평소에는 가벼운 연습만으로도 컨디션을 유지하는 것처럼 말입니다.

회개는 영생으로 들어가는 첫 관문입니다. 선택사항이 아닙니다. 우리는 모두 연약한 질그릇과도 같습니다. 그래서 회개는 결과이기보다는 끊임없이 이어지는 필수 과정입니다. 마치 성화처럼 말입니다. 회개할 수 있다는 것은 축복입니다. 우리 모두에게 회개의 영이 때마다 일마다 축복으로 임하기를 기도합니다.

24

신의 성품에 참여하는 자

> 이로써 그 보배롭고 지극히 큰 약속을 우리에게 주사 이 약속으로
> 말미암아 너희가 정욕 때문에 세상에서 썩어질 것을 피하여 신성한
> 성품에 참여하는 자가 되게 하려 하셨느니라 베드로후서 1:4

우리의 부르심은 신성한 성품에 참여하는 것입니다.
그리고 우리 안에 계신 성령님께서 그 일을 도우십니다. 우
리의 부르심이 거룩이라면 우리의 삶은 아주 단순해질 수
있습니다. 나의 생각과 일과 계획이 신성한 성품을 이루는
것인가 아닌가를 잘 분별하고 신성한 것을 행하면 됩니다.
세상을 사랑하는 것, 탐욕, 간음, 거짓말, 시기, 원수 맺는
것, 분 내는 것, 당 짓고, 투기하고, 거짓 이득을 취하는 것은
성령에게서 나오지 않습니다. 반대로 사랑, 화평, 오래 참음,
자비, 양선, 충성, 온유, 절제는 성령으로 행한 열매입니다.

그러면 사람들은 이렇게 반박할 것입니다. "그런 이분법은 너무 지나칩니다. 우리는 사람이지 신이 아닙니다." 그러나 성경은 "말씀을 받은 우리를 신"이라고 했습니다(요한복음 10:35). 그러므로 우리는 부르심을 인하여 성령을 따라 행해야 합니다. 성령을 따라 살든지 육체를 따라 살든지 우리의 자유의지에 의한 것이지만, 그날에는 우리가 심은 것을 거두게 될 것입니다.

사람들은 하늘이 끝이라고 생각하고 하늘 아래에서 구하며 두드리며 찾습니다. 우리는 하늘 아래 것들을 목숨처럼 사랑하기도 합니다. 그러나 그렇지 않습니다. 하늘은 하늘 아버지의 집으로 가는 길입니다. 하늘의 하늘들이 있다 해도 그것은 끝이 아닙니다.

그러면 왜 하늘을 펴셨을까요? 그것은 우리를 시험하기 위함이 아닐까요? 우리가 하늘 아래의 것을 사모하는지, 하늘 위의 것을 사모하는지를 구별하기 위해서입니다. 성경은 하늘도, 이 세상도 아무것도 아니로되 오직 인생이 구할 것은 하나님이요, 오는 세상이라 말합니다. '오는 세상'이라 하셨으니 아직 오지 않았다는 뜻이요, 온다는 말씀이 아닙니까? 참으로 우리가 구하는 것은 무엇입니까? 하늘입니까? 아니면 하늘을 지으시고 지극히 높은 곳에 계시는 하나님입니까? 눈에 보이는 세상입니까? 아니면 '주리라' 약속하신 오는 세상입니까? 성경은 말합니다. "보라, 새 하늘과 새 땅이라." "내가 속히 오리니 네게 줄 상이 내게 있다." 또 "내가 너희들을 위하여 처소를 예비하면 와서 너희를 그리로 인도하여 들이리라." 지금이 바로 그때입니다. 잠시 후 신랑이 '오라' 하실 것입니다. 그리고 등에 기름을 예비한 사람들은 그분을 볼 것입니다.

바이러스와의 전쟁은 계속될 것입니다. 왜냐하면 인간의 탐욕에 의해 이미 모든 피조 세계가 창조의 질서에서 벗어나 손을 쓸 수 없는 상태가 되었기 때문입니다. 지금은 믿음의 눈을 들어 새 하늘과 새 땅을 바라보아야 합니다. 믿음의 날개를 펴고 비상을 준비해야 합니다.

믿음에도 힘이 있어야 합니다. 힘은 실력이며 능력입니다. 마치 폭풍우가 몰려올 때, 참새는 처소로 날아가 숨지만, 독수리는 날개를 펴고 직시하다가 어느 순간 폭풍우를 뚫고 하늘로 비상하는 것처럼 말입니다. 어떤 상황이 와도 위축되거나 흔들리지 않고 마땅히 행할 바를 행할 힘은 평소의 준비에서 나옵니다.

코로나19의 위기는 기회입니다. 우리가 과연 믿음 안에 있는지 우리 자신을 시험하고 우리 자신을 확증할 수 있는 믿음의 기회입니다. 경건의 훈련이 유익한 것은 금생과 내생의 약속이 있기 때문입니다. 신의 성품에 참여하는 우리의 부르심은 매일매일 말씀과 기도의 삶을 통하여 경건에 이르도록 자신을 연단하는 것입니다. 그런 자들에게 하나님께서 환난 때에 함께하셔서 건지시고 하나님의 구원을 보이실 것입니다. 말씀과 기도의 삶을 통해 신의 성품에 참여하며 늘 하나님과 친밀함을 이루며 사는 자가 진정 복이 있습니다.

25

가데스바네아

> 여호와께서 모세에게 이르시되 이 백성이 어느 때까지 나를 멸시하
> 겠느냐 내가 그들 중에 많은 이적을 행하였으나 어느 때까지 나를
> 믿지 않겠느냐 민수기 14:11

애굽을 떠난 이스라엘 백성은 셋째 달에 시내 광야에 이르고, 하나님께서는 모세를 통해 그들의 정체성에 대해 말씀하십니다(출애굽기 19:5-6). "너희가 내 말을 잘 듣고 내 언약을 지키면"이라는 단서가 붙지만, 하나님께서는 세 가지 축복의 말씀을 주셨습니다.

첫째, '모든 민족 중에서 내 소유가 된다'는 것입니다. 흔히 소유라고 하면 그분의 것, 그분께 속하는 정도로 생각하지만, 그 앞에 있는 "모든 민족 중에서"라는 말이 힌트가 됩니다. '소유'의 히브리 원어에는 '보물Treasure'이라는

의미가 있습니다. 보물은 귀중한 것입니다. 그러므로 '너희가 세상 모든 민족 중에서 하나님인 나에게 가장 소중한 보물이 된다'는 약속입니다. 둘째, '제사장 나라', 즉 하나님을 예배하고 말씀에 순종하며 그분을 증언하는 삶을 살라는 것입니다. 셋째, '거룩한 백성'이 되어야 합니다(레위기 19:2). 사실 이 약속은 예수님을 진정으로 믿고 순종하며 증언의 삶을 살아가는 오늘날의 참 성도들에게 주신 약속과 동일한 것입니다. '믿으니 구원받았고 그럭저럭 살다가 죽어 천국 가면 되지'라고 생각하는 사람들이 이 엄청난 언약을 제대로 이해할 수 있다면 더는 그런 삶을 살지 않을 것입니다.

애굽을 나온 지 2년 되었을 때, 이스라엘 백성은 가데스바네아에 이르렀습니다. 거기서 하나님이 주신 고난의 때, 38년을 시작하게 됩니다. '불신앙'의 영spirit 은 선대가 심판으로 끊어졌으니 후대는 다를 거라는 안이한 생각을 비웃고 있습니다. 비록 38년 광야의 삶은 성경에 기록되어 있지 않고 출애굽 40년째 첫째 달(민수기 20:1)이 불쑥 등장하면서 가나안 땅으로의 행진을 시작합니다. 38년 동안 어떻게 살았을까요? 주어진 율법대로 광야에서 율례와 규례를 지키면서 살았을까요? 민수기 25장의 바알브올 사건은 출애굽 40년 차 이스라엘 백성의 영적, 윤리적 삶을 잘 함의하고 있습니다. 광야에서 심판으로 죽어간 선대들과 별반 다름이 없어 보입니다. 가나안 정복 후 여호수아가 죽고, 사사 시대를 거쳐 왕정 시대로 들어가면서도 그들은 여전히 하나님을 불신하는 모습을 보여 주었습니다. 하나님 대신 '왕'을 달라는 백성의 요구에 대한 하나님의 말씀에서 체념하신 듯한 마음이 느껴집니다.

"내가 그들을 애굽에서 인도해 낸 날부터 오늘까지 항상 나(하나님)를 버리고 다른 신을 섬겼고, 지금 너(사무엘)에게 왕을 요구하는 것은 나(하나님)를 버려 자기들의 왕이 되지 못하게 하는 것이다"(사무엘상 8:7-8).

북이스라엘과 남유다는 하나님에 대한 불신앙과 우상숭배로 멸망했습니다. 이 불신앙은 마귀가 인간에게 심어준 뿌리 깊은 죄성의 본질입니다. 그것은 반드시 우상숭배로 귀결됩니다. 결국 이스라엘은 나라를 잃고 2천여 년 동안 처절한 디아스포라의 삶을 살았습니다. 약속에 신실하신 하나님께서는 그들을 고향 땅으로 돌아오게 하셨지만 여전히 하나님을 모르고 살아가는 유대인들이 많습니다. 종교심으로 뭉쳐진 정통 유대인 이외의 일반 세속 유대인은 그리스도인에게 나쁜 감정으로 대하지 않습니다. 종교인들도 예전보다는 훨씬 부드럽게 그리스도인과 얘기합니다. 전반적으로 그리스도인을 대하는 분위기가 예전보다 한결 나아졌지만, 이 사회에 확산되고 있는 인본주의와 무종교로 인한 자유주의가 그 이면에 자리 잡고 있습니다.

무슬림도, 그리스도인도, 불교도도 다 좋고, 서로 존중하며 화목하게 사는 것이 이상적인 사회라는 멋있는 사고의 이면에는 하나님만을 주장하는 그리스도인은 완고한 종교인의 이미지로 비쳐질 수 있습니다. 제가 아는 어떤 사람들은 예수님 이야기를 별 거부감 없이 편안하게 잘 듣는 젠틀한 분들이지만, 그 영혼의 내면에는 '하나님만이 절대 유일신'이라는 것을 인정하고 싶지 않은 가데스바네아의 불신앙의 영이 깊이 자리 잡고 있습니다.

우리는 배도가 만연한 시대를 살고 있습니다. 우리는 '나는 아니야. 나는 괜찮아' 스스로 합리화시킨 자기 교리로 우리의 믿음과 우리의 목숨을 맞바꾸어야 할지도 모르는 마지막을 향해 가고 있습니다. 불꽃 같은 눈으로 우리를 지켜보시는 주님을 향하여 말입니다. 미혹의 시대입니다.

백성을 인도하는 자가 그들을 미혹하니 인도를 받는 자들
이 멸망을 당하는도다(이사야 9:16).

인도자만의 잘못일까요? 아닙니다. 자기 탓입니다.

푯대를 향하여

> 형제들아 나는 아직 내가 잡은 줄로 여기지 아니하고 오직 한 일
> 즉 뒤에 있는 것은 잊어버리고 앞에 있는 것을 잡으려고 푯대를 향
> 하여 그리스도 예수 안에서 하나님이 위에서 부르신 부름의 상을
> 위하여 달려가노라 빌립보서 3:13-14

코로나바이러스 감염자와 사망자가 속출하는 가운데
세상은 어수선하기만 합니다. '코로나 블루'를 넘어서 '코로
나 레드, 블랙'이라는 신조어까지 등장하고 있습니다. 마지
막 때 나타나는 현상은 아닌지 매우 당황스럽고 걱정스럽
습니다. 이처럼 바이러스의 전염성과 영향력은 사람의 몸
과 마음을 갈수록 고단하고 답답하고 두렵게 만듭니다.

하나님께서 이스라엘 백성에게 가나안 땅을 기업으로
주실 때, 그 땅에서 호흡이 있는 자는 하나도 남기지 않고

다 진멸하셨습니다. 왜 그러셨을까요? 죄의 전염성 때문입니다. 천신만고 끝에 약속의 땅에 들어간 이스라엘 백성이 가나안 땅의 죄악에 전염되는 것은 시간문제였습니다. '유아까지 진멸하는 잔인한 하나님'이라는 세상의 비아냥거림을 감수하신 것입니다. 하나님은 조상들에게 맹세하신 '영원한 기업'을 이스라엘 백성에게 주시기 전에 출애굽 한 그들을 광야로 인도하셨고, 불순종의 세대가 광야에서 다 멸망한 후에 남은 자들을 '약속의 땅'으로 인도하여 들이셨습니다. 출애굽 한 모든 이스라엘이 약속의 땅을 향해 출발했지만, 하나님 말씀을 믿음으로 받고 순종한 자들만 약속의 땅에 들어갔습니다.

　　주님의 재림이, 세상의 종말이 가까이 오고 있습니다(마태복음 24:32-34). 이제는 우리도 예수님의 말씀을 믿음으로 받아야 합니다. 우리에게 하나님 나라에 대한 약속이 있을지라도 믿음으로 받고 또 들어가기를 힘쓰지 않으면 출애굽 한 이스라엘 백성처럼 우리도 그 안식에 못 들어간다고 성경은 말합니다(히브리서 4:1-13). 이번 재난을 통해 평생 쌓아온 것들이 하루아침에 날아갈 수 있다는 것을 우리는 경험하고 있습니다. 그리고 공공의 안전을 위해 개인의 자유가 침해당할 수 있고, 공권력에 의해 통제되는 세상을 조금 맛보고 있습니다. 그러나 예수님의 말씀처럼 이것은 재난의 시작일 뿐입니다(마태복음 24:7-8, 누가복음 21:10-11).

　　하나님은 우리를 너무 사랑하지만 죄는 미워하십니다. 하나님은 우리에게 영광의 나라를 유업으로 주시고, 우리와 영원히 함께하시기 위해 이제 우리를 광야로 이끄시고, 우리의 안과 밖에 있는 죄들을 하나하나 제거하실 것입니다. 그 방법은 우리를, 세상을 흔드시는 것입니다. 바람을 보내고, 창수를 보내서 하나님 말씀대로 살지 않는 모든 것을 무너지게 하실 것입니다. 말씀을 듣기만 하고 행하지 않는 자들이 거짓 위에 세워 놓은 것들이 무너져 내릴 때, 우리 안에 숨은 죄악도 모두 드러날 것입니다. 이제 우리는 어떻게 살아야 합니까?

　　그러나 무엇이든지 내게 유익하던 것을 내가 그리스도를 위하여 다 해로 여길뿐더러 또한 모든 것을 해로 여김은 내 주 그리스도 예수를 아는 지식이 가장 고상하기 때문이라 내가 그를 위하여 모든 것을 잃어버리고 배설물로 여김은 그리스도를 얻고 그 안에서 발견되려 함이니(빌립보서 3:7-9).

그동안 주님을 얻기 위해 무엇을 버리셨습니까? 그리스도를 아는 지식과 그분을 알기 위해 얼마나 많은 시간을 주님께 드렸습니까? 이제는 그리스도를 얻고, 그 안에서 발견되기 위해 그분을 구하고, 그분의 말씀대로 사는 일 외에는 내게 유익하던 것들조차도 모두 배설물로 여겨야 합니다.

우리를 하나님 앞에서 나라와 제사장 삼으시기 위해 생명을 주신 주님을 위해 광야에서 제사장들이 했던 것처럼 우리도 매일 말씀의 등불을 밝히고 내 안에 있는 찌꺼기들을 제하고, 말씀으로 깨끗이 닦고, 맑은 기름으로 채우고, 조석으로 분향단 위에 향기로운 향(기도)을 올려 드려야 합니다. 번제단의 불이 꺼지지 않도록 아침마다 나무를 태우고 그 위에 번제물을, 우리 몸을 거룩한 산 제물로 드리면서 주님 앞에 서는 그날까지 포기하지 않아야 합니다. 영원한 그 나라를 향하여, 푯대를 향하여 달려가야 합니다. 예수 그리스도의 신실한 증인이었던 에콰도르의 선교사 짐 엘리엇의 고백처럼, 영원한 것을 위하여 영원하지 않은 것을 버리는 자는 절대 바보가 아닙니다.

주께로 돌이키소서

> 여호와여 우리를 주께로 돌이키소서 그리하시면 우리가 주께로 돌
> 아가겠사오니 우리의 날들을 다시 새롭게 하사 옛적 같게 하옵소서
> 예레미야애가 5:21

유월절 제사를 네 하나님 여호와께서 네게 주신 각 성에서
드리지 말고 오직 네 하나님 여호와께서 자기의 이름을 두
시려고 택하신 곳에서 네가 애굽에서 나오던 시각 곧 초저
녁 해 질 때에 유월절 제물을 드리고 네 하나님 여호와께서
택하신 곳에서 그 고기를 구워 먹고 아침에 네 장막으로 돌
아갈 것이니라(신명기 16:5-7).

이것이 하나님께서 출애굽 한 이스라엘 백성에게 주신
유월절에 대한 규례입니다. 이 규례를 따라서 유월절이 되

면 평소 60만 명 정도가 사는 예루살렘에 250만 명이 넘는 유대인이 각지에서 와서 함께 절기를 지켰다고 합니다.

그리스도께서 다시 살아나신 일이 없으면 너희의 믿음도 헛되고 너희가 여전히 죄 가운데 있을 것이요 또한 그리스도 안에서 잠자는 자도 망하였으리니 만일 그리스도 안에서 우리가 바라는 것이 다만 이 세상의 삶뿐이면 모든 사람 가운데 우리가 더욱 불쌍한 자이리라(고린도전서 15:17-19).

예수님의 부활은 기독교의 핵심입니다. 부활이 없는 기독교는 더 이상 기독교일 수 없습니다. 그래서 우리는 부활 주일에 온 교회가 모여 주님의 부활을 크게 기뻐하고 축하하고 기념하는 것입니다.

2020년은 팬데믹으로 인해 유대인들은 반드시 함께 모여야 하는 유월절에 집 밖 출입이 일절 금지되었고 핵가족 단위의 세데르(유월절 만찬)만 허용되었습니다. 성금요일과 부활 주일에 모이지 못하는 것은 교회 또한 비슷한 상황입니다. 왜 하나님께서는 이런 일을 허락하시는 걸까요? 전지전능하신 하나님께서 코로나바이러스가 창궐하는 기간에 유월절이 있다는 것을, 성금요일과 부활 주일이 있다는 것을 모르셨을까요?

저희는 동네에 있는 작은 슈퍼에서 식료품 사는 일 외에는 외부 출입이 제한된 상황에서 6주 동안 집 안에서만 지냈습니다. 기도 캠프에서 함께 예배드리지 못하지만, 아침 예배 시간에는 각자의 집에서 예배드리고 오후에는 각자 맡은 날에 중보 기도를 하고, 안식일에는 인터넷으로 예배드리면서 고요한 생활을 하고 있습니다. 아마 저희도 한국이나 미국, 예루살렘에서 살았다면 이런 상황이 아주 힘들었을 것입니다. 그러나 광야에서 하나님만 바라보는 단순한 삶을 살다 보니 온 세상이 요동하는 가운데서도 하나님의 메시지는 더 크게 들리는 것 같습니다. 하루속히 교회 문이 열려 예전처럼 함께 예배드리기를 손꼽아 기다리는 우리 안에 정말 주님의 자리가 있는지요? 주님께서 에베소 교회에 하신 말씀입니다.

내가 네 행위와 수고와 네 인내를 알고 또 악한 자들을 용납하지 아니한 것과 자칭 사도라 하되 아닌 자들을 시험하여 그의 거짓된 것을 네가 드러낸 것과 또 네가 참고 내 이름을 위하여 견디고 게으르지 아니한 것을 아노라(요한계시록 2:2-3).

얼마나 놀라운 교회입니까? 이런 성도들이 얼마나 존 경스럽습니까? 그러나 주님의 말씀은 너무나 두렵습니다.

그러나 너를 책망할 것이 있나니 너의 처음 사랑을 버렸느 니라 … 회개하지 아니하면 내가 네게 가서 네 촛대를 그 자 리에서 옮기리라(요한계시록 2:4-5).

앞으로 전염병과 기근과 지진은 계속 올 것이고, 그때 마다 개인의 자유와 권리는 공공의 유익과 안전이라는 명 분으로 통제될 것이며, 전 세계적인 통제와 감시망 안에서 벗어날 개인은 없을 것입니다. 통제와 감시망 안에서 어떻 게 우리의 믿음을 지키고 구원을 이룰 수 있을까요? 에베소 교회의 위기는 주님에 대한 처음 사랑을 잃어버린 것입니 다. 주님에 대한 사랑을 잃어버린 신앙생활은 사람의 눈에 아무리 훌륭하고 경건해 보여도 주님께는 생명 없는 종교 행위일 뿐입니다.

이제는 정말 하나님께로 돌아가야 합니다. 행사 위주

의 교회 생활, 외식하는 종교 생활에서 떠나 오직 주님만을 구해야 합니다. 그리고 내 삶의 모든 동기가, 내 행동의 모든 동기가 오직 주님이어야 합니다. 회중 예배로 모이든, 각 가정에서 모이든 오직 영과 진리로 하나님께 예배해야 합니다. 그러면 자비하신 주님께서 우리의 걸음을 친히 인도해 주실 것입니다. 오늘 돌이키지 않으면 내일은 없습니다. '오늘'이라는 이 한 날만이 '내 것'인 것을 잊어서는 안 됩니다.

뉴 노멀 New Normal

> 너희는 내 규례와 법도를 지키라 사람이 이를 행하면 그로 말미암
> 아 살리라 나는 여호와이니라 레위기 18:5

기차도 자동차도 없던 시절에 브엘세바에서 예루살렘
에 가려면 사흘 길을 걸어야 했습니다. 그런데 자녀와 노비
와 제사에 드릴 짐승, 소제로 드릴 곡물과 전제로 드릴 포
도주까지 챙겨서 하나님께서 명하신 때마다 성전으로 올라
가는 것은 보통 일이 아니었을 것입니다.

너희는 너희의 하나님 여호와께서 자기 이름을 두시려고
택하실 그 곳으로 내가 명령하는 것을 모두 가지고 갈지니
곧 너희의 번제와 너희의 희생과 너희의 십일조와 너희 손
의 거제와 너희가 여호와께 서원하는 모든 아름다운 서원

물을 가져가고 너희와 너희의 자녀와 노비와 함께 너희의 하나님 여호와 앞에서 즐거워할 것이요(신명기 12:11-12).

그에 비해 가나안의 신들에게는 편리하게 원하는 대로 제사할 수 있었고, 제물도 알아서 드리면 되니 얼마나 쉽고 편했겠습니까? 하나님은 성전 중심의 삶을, 예배 중심의 삶을 명령하셨습니다. 그래서 우리 믿음의 조상들은 비가 오나 눈이 오나, 추우나 더우나, 멀거나 가깝거나 상관없이 항상 예배 자리를 지키며 살았습니다. 그러나 하나님을 섬기는 것이 얼마나 고달픈지를 보고 자란 자녀들은 조금씩 타협했고, 부모가 타협하는 모습을 보며 자란 그들의 자녀들은 하나님을 알지 못하는 세대가 되었습니다.

'뉴 노멀New Normal'은 '새롭게 변화된 양상이 일상화되는 것'으로 더는 과거의 표준이 현재와 미래의 기준이 될 수 없음을 의미합니다. 기존 질서를 벗어나 불확실성이 높아진 가운데 소화하기 힘들 정도로 수많은 정보가 쏟아지는 뉴 노멀 시대에는 어떤 정보가 도움이 되고, 어떤 결정을 내리는 것이 올바른지 판단하기가 정말 어렵습니다. 이와 같이 기존의 질서를 부인하고 원형을 상실한 뉴 노멀 시대에 코로나바이러스가 들이닥쳤고, 코로나19는 그동안 듣도 보도 못한 새로운 세상을 인류에게 열어놓고 있습니다. 그 변화의 속도와 영향력은 우리의 상상을 초월해서 이런 세상에서 우리는 물론 자녀 세대가 믿음을 지킨다는 것은 참으로 어려울 것입니다.

왜 하나님께서 우리를 흔들어 깨워 기도하게 하는 걸까요? 전쟁이 시작되었기 때문입니다. 우리는 지금이 마지막 때라는 것을, 그리고 스파라딤이 돌아오면 주님의 재림이 멀지 않았다는 것을 잘 알고 있습니다. 그래서 네게브 광야에서 그들이 돌아올 것을 굳게 믿고 언약의 깃발을 들고 서 있습니다. 그런데 갑자기 사탄이 전쟁을 선포한 것입니다. 정신을 차리고 작정 기도를 시작한 후에야 비로소 '스파라딤 알리야의 문이 열릴 시간이 되었다'는 것을 깨달았습니다. 쫓겨난 유대의 자손이 돌아오려고 그들의 장막을 정리하기 시작한 것입니다. 그런데 막상 네게브 땅에서 그들을 맞아야 할 자들이 안일하게 자고 있습니다.

참으로 감사한 것은 우리가 연약할지라도 항상 하나님 안에 살고 있으면 갑작스러운 대적의 공격이 있어도 하나님께서 지켜주신다는 것입니다. 원수가 우리를 삼키려고

입 벌리고 손으로 옮기려는 순간, 원수 앞에서 철문이 닫히고 정신을 차린 우리는 그분의 보호 안에서 전열을 가다듬고 주님을 위해 싸우기로 뜻을 정하고 분연히 일어날 것입니다. 다시 철문을 거두실 때 우리는 적들의 패배를 목도할 것입니다.

이제부터는 택함받은 자와 받지 못한 자가 분명하게 나뉠 것입니다. 하나님이 그렇게 하시는 것이 아니라 인간 스스로 드러내는 것입니다. 하나님은 "너희는 내 규례와 법도를 지키라 사람이 이를 행하면 그로 말미암아 살리라 나는 여호와이니라"(레위기 18:5)고 말씀하셨습니다.

그러나 '뉴 노멀'은 모든 기준을 부정합니다. 앞으로의 세상은 하나님 말씀을 정면으로 도전하는 세상이 될 것이고, 우리는 매번 선택의 갈림길에 서야 할 것입니다. 세상에 편승할 것인가, 세상을 거스를 것인가? 편리주의는 멸망의 길입니다. 하나님을 섬기는 번거로움으로 인한, 세상을 역류해야 하는 어려움으로 인한 불편함이나 부대낌, 갈등이 없다면 우리는 이미 편리주의의 길에 있는 것입니다. 우리를 포함한 이 세대는 너무나 하나님으로부터 멀리 와 있어서 뉴 노멀 시대에 믿음을 지킨다는 것이 결코 쉽지 않지

만, 기록된 말씀대로 사는 길만이 우리를 약속의 땅으로 안

전하게 인도할 것입니다. 다른 길은 없습니다.

언택트 Untact

> 열두 해 동안이나 혈루증으로 앓는 여자가 예수의 뒤로 와서 그 겉
>
> 옷 가를 만지니 이는 제 마음에 그 겉옷만 만져도 구원을 받겠다
>
> 함이라 마태복음 9:20–21

아이폰의 등장은 '포노 사피엔스phono sapiens. 스마트폰 인류'
시대를 열었습니다. 모든 사람의 손에 스마트폰을 쥐어 줌
으로 누군가가 마음만 먹으면 온 세상을, 온 인류를 장악할
수 있을 것입니다. 새로운 정보가 생겨나면 하루 만에 30억
인구가 공유할 수 있는 스마트폰 안에서 사람들은 시공간
의 제약을 받지 않고 모든 정보를 공유하며, 자유롭게 욕구
를 표현하며 살아가고 있습니다. 더 이상 친구나 가족에게
의존하지 않아도 되고, 그 어떤 제도도 스마트폰 안에서 살
아가는 그들을 간섭하거나 억제하지 않습니다. 스마트폰이

인류를 뉴 노멀New Normal 시대로 접어들게 하는 데 10년이면 충분했습니다.

뉴 노멀 시대에는 인공지능AI, Artificial Intelligence이라는 한 신god이 있습니다. AI를 이용하는 두 부류가 있습니다. 한 부류는 AI를 신처럼 신봉하는 이들이고, 다른 부류는 AI를 기술로 여기고, 그 기술의 혜택을 이용하고 누리되 절하지 않습니다. 이는 그리스도인인 우리에게 요구되는 삶입니다. 그러므로 우리는 AI를 알아야 합니다. AI를 알고, 이용하고, AI를 구원의 도구로 사용해야 합니다. 왜냐하면 우리가 영혼 구원을 위해 섬겨야 하는 자들이 그곳에 있기 때문입니다.

뉴 노멀은 종교 다원주의 개념과 일치합니다. 뉴 노멀 시대의 강력한 특징은 '내 소견에 좋으면 끝'이라는 사고입니다. 그런 의식이 팽배했을 때, 코로나19가 등장하여 그것을 아예 사회제도로 고정해 버린 것입니다. 언택트Untact! 이제 누가 자기 왕국에 들어가서 문을 걸어 잠그고 사는 사람들을 끌어낼 것입니까? 이제는 콘택트Contact를 하면 오히려 처벌받을 수 있는 세상입니다.

출애굽 때 장자의 재앙을 끝으로 애굽이 백기를 들었

습니다. 하나님은 아브라함에게 말씀하신 기한이 찼을 때 (창세기 15:13) 약속하신 대로 당신의 백성을 찾아오셨습니다. "내 백성을 가게 하라!" 당연히 애굽 왕 바로는 거절했습니다. 하나님은 "네가 내 아들 내 장자를 보내주기를 거절하니 내가 네 아들 네 장자를 죽이겠다"(출애굽기 4:22-23)고 하셨고, 그 말씀대로 행하신 후에야 비로소 바로는 이스라엘 백성을 내보냈고 애굽은 망했습니다.

예수님은 제자들에게 "내가 너희를 위하여 거처를 예비하러 가노니 가서 너희를 위하여 거처를 예비하면 내가 다시 와서 너희를 내게로 영접하여 나 있는 곳에 너희도 있게 하겠다"(요한복음 14:2-3)라고 약속하셨습니다. 그리고 "그때가 언제냐"고 묻는 제자들에게 "이스라엘이 회복되면 그 세대가 가기 전에 내가 온다"고 하셨습니다(마태복음 24:3-33).

이스라엘 나라가 회복되었을 때, 마귀는 2천 년 전에 하늘로 간 예수가 자기 백성을 데리러 다시 올 때가 되었다는 것을 알았습니다. 주님은 반드시 말씀하신 그때에 오십니다. 문제는 주님이 찾으러 오시는 하나님의 자녀들이 지금 어디에 있냐는 것입니다. 이 세상은 마귀에게 속했고, 이 세상의 신 마귀는 스마트폰이라는 강력한 것을 손에 넣었습니다. 마귀는 자기 손에 들어온 하나님의 자녀들을 절대 놓아주지 않을 것입니다. 그러나 마귀는 피조물이고, 멸망의 때는 이미 정해졌습니다. 그것을 아는 것이 승리의 열쇠입니다.

2015년 '다보스 세계경제포럼'에서 2025년에는 상업화된 인체 삽입형 이동전화의 등장과 1조 개의 감지기가 인터넷에 연결되고, AI가 기업 감사의 30퍼센트를 수행할 것이라고 발표했습니다. 이 거대한 변화의 물결 속에서 우리와 우리 자녀들은 어떻게 살아가야 할까요? 마귀는 모든 방법을 동원해서 사람의 몸에 칩을 심으려 할 것이고, 팬데믹은 그 강력한 이유가 될 것입니다.

그러므로 지금부터 우리는 조금씩 스마트폰과 거리두기를 시작해야 합니다. 스마트폰 없이는 살 수 없지만, 언젠가 스마트폰이 우리의 신앙을 위협하게 될 그날을 위해 지금부터 대비해야 합니다.

우리 스스로 나오기는 어렵습니다. 그러나 그 권세가 전혀 힘을 쓰지 못하는 유일한 장소가 있습니다. 말씀입니다. 말씀을 붙잡아야 하고 반드시 말씀대로 살아야 합니다.

말씀을 붙잡는 순간 선택의 시간이 옵니다. 문이 열립니다. 그때 밖으로 나와야 합니다. 그때를 놓치면 자유의 기회는 사라집니다. 그리고 계속해서 말씀이 인도하시는 길로 가야 합니다. 마귀의 유일한 목표는 우리를 구원에서 떨어뜨리는 것이고, 우리의 구원은 쫓겨난 에덴으로의 귀환입니다. 이것이 우리의 여정입니다.

30 〰

길을 내는 사람들

> 생명으로 인도하는 문은 좁고 길이 협착하여 찾는 자가 적음이라
>
> 마태복음 7:14

    예루살렘에서 시작된 복음은 소아시아와 그리스를 지나 로마로 가서 온 유럽에 전파되었고, 영국에서 대서양을 건너 미국으로 들어갔습니다. (1620년 영국 청교도 102명이 메이플라워호를 타고 매사추세츠주 플리머스 도착하였다.) 1492년, 로마 교황청 열정적 후원자였던 스페인 국왕의 후원으로 콜럼버스가 발견한 중남미 대륙에 빠른 속도로 가톨릭이 전파되었습니다. 이러한 복음의 행적을 통해 우리는 복음을 받아들인 나라가 그 시대의 패권 국가로 부상했다는 것과 복음은 제국의 힘을 받아 더 강력하게 전파되었다는 것을 알 수 있습니다.

그러나 하나님의 생각은 달랐습니다. 하나님은 유럽에서 미국으로 들어가는 길을 택하지 않으시고 불모의 땅 중남미에서 미국으로 들어가는 길을 택하셨습니다. 1478년부터 시작된 스페인 종교재판을 피해 일군의 유대인이 중남미로 도망갑니다. 그러나 중남미 땅까지 확산된 종교재판으로 인해 그들은 1654년에 다시 브라질 땅을 탈출합니다. 목숨을 부지하기 위해 무작정 북쪽으로 올라가는 배를 탄 13명의 어린이를 포함한 23명의 유대인은 당시 네덜란드의 식민지였던 '뉴 암스테르담'(오늘날의 뉴욕)에 도착했습니다. 네덜란드 정부의 입국 허락을 받아 길고 긴 종교재판의 악몽에서 벗어나 신대륙에 뿌리를 내리게 됩니다. 그 23명의 유대인이 바로 아누심(스파라딤)입니다.

바울은 3차 선교 여행을 마치고 결박과 환난이 기다리는 것을 알면서도 성령에 매여 예루살렘으로 올라갑니다. 로마 제국에 복음의 길을 내기 위해 누군가 먼저 피를 흘려야 한다면, 그리고 그것이 사명이라면 바울은 자기의 생명을 조금도 귀한 것으로 여기지 않았습니다. 그래서 생각할 시간을 갖기 위해 동료들과 함께 배를 타지 않고 홀로 걸어서 앗소까지 갑니다(사도행전 20:13-38). 우리에게도 홀로 있으면서 생각할 시간이 필요합니다. 주님은 요란한 소리를 내는 사람들이 많은 곳에 계시지 않습니다. 주님은 주님의 백성과 함께 생명의 몸부림이 있는 곳에 계십니다.

나비가 번데기를 뚫고 나올 때 그 사투의 현장에, 어둠과 죽음의 그늘에 있는 광석을 찾아 불확실성 속에서도 포기하지 않고 발길이 닿지 않는 땅에 흔들리며 길을 내는 그곳에(욥기 28:3-4), 씨앗이 제 몸을 터뜨려 생명을 내놓는 그곳에 말입니다. 이처럼 생명을 내는 길은 고통을 수반합니다.

예수님은 우리를 살리기 위해 죽으셨고, 예수님의 첫 제자들도 우리를 위해 죽었고, 또 예수님의 피로 산 첫 교회도 우리를 위해 그 몸을 찢어 열방에 나누어 주었습니다. 예수님을 신실하게 따르던 자들은 생명을 위해 피 흘림을 주저하지 않았습니다. 그리고 그들은 하나같이 복음을 전하는 것 외에는 소리를 들레지 않았습니다. 오직 복음을 전할 때만 그들은 담대했고, 그러기 위해 모여서 또는 흩어져서 기도했고, 말씀을 보면서 힘을 얻었습니다. 그 어떤 것도 자신들을 위해 취하지 않았습니다. 이들이 바로 주님이 찾으시는 주님의 종들, 주님에게 속한 자들입니다.

생각해 보십시오. 신대륙 아메리카에 복음이 들어갈 때 주님이 누구와 함께 가실 수 있었는지를. 청교도들입니까? 맞습니다. 그러나 청교도들 가운데는 식민주의자들이 섞여 있었습니다. 정부가 개입한 것입니다. 물론 복음이 온 세상에 전파될 때 항상 정부가 개입되었고 정복과 무고한 피 흘림이 있었습니다. 그러나 길을 낸다는 것은 또 다른 차원입니다.

길을 낸다는 것은 흑암의 땅으로, 완전한 어둠으로 들어가는 것입니다. 그렇습니다. 빛입니다. 그러나 그 빛은 흑암을 뚫어내는 강력한 빛이어야 하고 피를 수반합니다. 그래서 예수님도 은밀한 가운데 자기 목숨을 내어놓은 작은 자(마리아)를 통해서 오셨습니다. 예수님의 제자들도, 그 후의 제자들도 다 그랬으며 지금도 동일합니다.

그러므로 예수님을 따르는 사람은 이 땅에 있는 동안 결코 화려한 자들, 유명한 자들, 자칭 크다고 하는 자들이 있는 곳에 있으면 안 됩니다. 만약 우리가 그곳에 있다면 우리는 더는 주님을 따르지 않는 것입니다. 길을 낸다는 것은 예수님을 따르는 것이고, 예수님이 이 땅에 계실 때 본을 보이신 그대로 사는 것입니다. 그리고 이미 그곳에 길이

나 있어서 어렵지 않습니다. 예수님이 당신의 몸을 찢고 당신의 피를 흘려 낸 길입니다. 그리로 따라가면 됩니다.

31

말씀을 지킬 때

나를 저버리고 내 말을 받지 아니하는 자를 심판할 이가 있으니 곧
내가 한 그 말이 마지막 날에 그를 심판하리라 요한복음 12:48

신명기 28장에는 불순종해서 받는 저주의 결과로 '염
병, 폐병, 괴혈병, 피부병, 미침, 눈멂, 정신병, 자녀를 잃음,
수고로 얻은 것을 누리지 못함, 메뚜기가 소산을 먹음, 평안
함이 없음, 쉬지 못함, 주야로 두려워하며 생명을 확신하지
못함'이 기록되어 있습니다. 이번 팬데믹으로 인하여 '역병,
폐병, 괴혈병, 가족을 잃음, 경제 파탄, 주림, 메뚜기 재앙,
예측할 수 없는 미래 때문에 평안이 없고 곤고하며 두려워
함'이 온 세상에 나타났습니다. 결과가 너무 비슷하지 않습
니까? 이 모든 저주의 시작은 "네가 만일 네 하나님 여호와
의 말씀을 순종하지 아니하고, 지켜 행하지 않으면"(신명기

28:15)입니다. 진리는 단순합니다. 하나님 말씀에 순종하면 복을 받고, 불순종하면 저주가 옵니다. 이것이 성경 전체를 관통하는 신명기의 교훈입니다.

네게브 정착촌 사역은 하나님의 의義가 앞서가며 길을 내시는 하나님의 역사입니다(시편 85:13). 마치 이스라엘 백성의 가나안 정복과 같습니다. 하나님의 약속이 그 일을 이루셨습니다. 이스라엘 백성의 의도 아니었고, 그들이 전쟁에 준비되었기 때문도 아닙니다. 다만 하나님의 의가 선행되었고-아브라함에게 하신 영원한 말씀-가나안 땅의 죄악이 심판을 받기에 충분했기 때문입니다. 하나님은 가나안 땅의 죄악이 가득 찼을 때, 아브라함에게 하신 약속을 이행하기 위해 이스라엘 백성을 애굽에서 데리고 나오셨습니다. 만약 애굽이 "내 백성을 가게 하라"는 하나님의 말씀에 순종했으면 망하지 않았을 것을 불순종함으로, 목을 곧게 함으로 망한 것입니다. 바로가 빨리 돌이켰으면 덜 망했을 것입니다.

하나님은 이스라엘 백성의 죄악이 찼을 때 그들을 약속의 땅에서 내쫓으셨고, 그들이 쫓겨 간 모든 나라에서 마음과 뜻을 다해 하나님께로 돌아왔을 때, 죄의 정결 기간을 마쳤을 때 다시 돌아오게 하셨습니다. 아브라함을 부르실 때부터 오늘날까지 지난 4천 년 역사는 오직 하나님의 말씀대로 이루어졌습니다. 그리고 그들이 돌아올 때 세상에 하나님의 완전한 심판이 있을 것입니다(에스겔 28:25-26, 요엘 3:1-2, 스바냐 3:8-9, 마태복음 24:32-34). 하나님은 죄는 멸하지만 죄인들이 구원받기 원하십니다. 깨닫는 방법은 오직 은혜일뿐입니다. 스파라딤은 이제 네게브의 땅을 얻을 것입니다. 그들이 땅을 얻는 것은 하나님의 약속이고 이제 그때가 찼기 때문이지 그들의 선함도 의로움도 그 무엇도 아닙니다. 오직 하나님의 '의'입니다.

그렇다면 모든 예언이 성취되는 마지막 때를 사는 우리에게는 무슨 약속이 있습니까? 아직 낮일 때, 아직 자유가 있을 때, 아직 선을 행할 수 있을 때 말입니다. 성경은 하나님의 백성이 하나님의 왕국에 들어오기 전에, 예루살렘이 하나님께로 완전히 돌아오기 전에 "심판하는 영과 소멸하는 영으로 시온의 딸들의 더러움을 씻기시며 예루살렘의 피를 그 중에서 청결하게 하실 것"(이사야 4:4)을 말씀합니다. 하나님의 백성과 하나님의 땅을 그렇게 하신다면 안일한 열방이겠습니까? 하나님의 뜻은 심판이고 그것이 하나님의 신실하심입니다. 하나님이 신실하신 것은 말씀을 지키시기 때문입니다. 우리도 누군가를 신실하다고 할 때 "저 사람은 손해가 날지라도 약속한 것은 반드시 지키는 사람이야"라고 하지 않습니까?

하나님 나라의 손해에 대하여 하나님은 "너희가 하나같이 내게 손해를 끼쳤다"라고 말씀합니다. 하나님은 "부귀가 내게 있고 장구한 재물과 공의도 그러하니라, 이는 나를 사랑하는 자가 재물을 얻어서 그 곳간에 채우게 하려 함이니라"(잠언 8:18, 21)고 말씀하셨습니다. 오늘 우리 중에 곳간에 재물이 가득한 자가 없고 하나같이 주리며 두려워하고 있다는 것입니다. 우리가 하나님 말씀을 준행했다면 우리 곳간에 재물이 쌓였을 것이고 이것이 하나님의 공의라는 것입니다. 또 하나님은 우리가 이미 휘청거리기 시작했음에도 어그러진 발을 바로 하여 바른길로, 하나님께로 돌아올 생각을 하지 않고 오히려 그 반대로 행하고 있다고 하십니다.

그러나 지혜가 있어 하나님을 구하는 자는 궁창의 별과 같이 빛날 것이라고 합니다. 하나님께서 우리를 부르실 때, 아직 낮일 때 마음을 다하고 뜻을 다해 하나님께로 돌

아가야 합니다. 하나님께로 돌아가면 하나님께서는 우리를
만나 주실 것입니다. 그리고 우리를 안전한 길로, 생명의 길
로 인도하실 것입니다. 이제는 모든 일이 성경에 기록된 대
로 진행될 것입니다. 그러나 우리가 하나님 말씀을 지킬 때,
그 말씀이 우리 모두를 구원할 것입니다.

32

오직 성령으로

> 그러므로 형제들아 우리가 빚진 자로되 육신에게 져서 육신대로 살
> 것이 아니니라 너희가 육신대로 살면 반드시 죽을 것이로되 영으로
> 써 몸의 행실을 죽이면 살리니 로마서 8:12-13

성령이 아니면 우리는 사람의 깊은 것을 알 수 없습니다. 깊은 물 속 같은 사람의 영혼을 어떻게 알 수 있겠습니까? 그러나 하나님의 성령은 그 모든 것을 통달하시고 다스리십니다. 하나님의 깊은 것까지도 통달하시는 성령이지만, 우리가 거부하면 잠잠하십니다. 그래서 구하고 사모하며 간절히 원해야 합니다. 그러나 하나님 말씀을 듣지도 않고, 명령대로 행하지도 않는다면 아무 일도 일어나지 않을 것입니다. 우리는 온갖 좋은 은사와 온전한 선물을 평생 소유하면서도 고아처럼 살다가 헛되이 하나님께로 갈 수 있

습니다.

　　자기를 드러내는 자들은 변론하기를 좋아하고 헛된 것에 착념합니다. 또 그런 사람을 판단하는 사람들도 동일한 죄를 짓다가 어리석음 중에 시간을 보내고 헛되이 하나님께로 갑니다. 세상 가운데 사는 하나님의 자녀 중에는 이렇게 하나님의 구원을 헛되이 만들면서 쓸데없는 일에 열심을 내는 자들이 많습니다. 하나님은 그런 자들을 어리석다고 하십니다. 어리석음은 믿음의 문제입니다. 보이는 것을 믿는 것처럼 어리석은 일은 없습니다. 성경 여러 곳에서 보이는 세상을 기업으로 받은 것이 아니라고 말하는데도 사람들은 보이는 세상을 기업으로 받은 것처럼 삽니다.

　　"육신의 정욕, 안목의 정욕, 이생의 자랑은 모두 세상에 있는 것이니 사랑하지 말라"(요한일서 2:15-16)고 하신 말씀이, "세상과 벗된 것이 하나님과 원수된 것"(야고보서 4:4)이라고 하신 말씀이 세상에 대하여 하신 말씀입니까? 아닙니다. 자녀들에게 하신 말씀입니다. 우리는 하나님을 우리보다 어리석은 분으로, 눈을 만드신 이를 맹인으로, 귀를 만드신 이를 귀머거리로 여기는 것 같습니다. 우리가 골방에서 은밀히 하는 말이 우리 안에 계신 성령의 탄식이 되어 하나님께 들려지고, 회중 가운데서 함부로 발설한 무지하고 패역한 말들이 천사들에 의해 하나님의 보좌로 올라간다는 것을, 그 모든 것을 드러내는 심판의 날을 위해 기록된다는 것을 별로 두려워하지 않는 것 같습니다.

주의 구원과 주의 의로운 말씀을 사모하라고 주신 눈과, 지혜를 구하고 지식의 말씀에 귀를 기울이라고 주신 귀와, 진리를 말하며 은혜의 영광을 찬송하라고 주신 입으로 우리가 지금 무엇을 하고 있는지를 보면 이것이 우리 믿음의 현주소입니다. 이것이 우리 영혼의 모습이라면 지금 이대로 하나님 앞에 나아갈 자가 얼마나 될까요?

눈이 밝다는 것은 하늘에 소망을 둔다는 것이요, 귀가 열렸다는 것은 천지의 이치를 깨닫고 있다는 것이요, 입이 열렸다는 것은 찬송한다는 것이요, 마음으로 깨달았다는 것은 깨달은 대로 산다는 것입니다. 이것이 하나님이 인정하시는 '본다, 듣는다, 열렸다, 깨닫는다'는 의미이며 이에서 벗어나는 것은 헛된 것입니다.

하나님은 우리에게 물으십니다. "내가 너희에게 준 생명과 달란트는 지금 어디에 있는가? 나의 곳간에 쌓였는가? 너희의 창고에 여전히 있는가? 너희가 입고 있는 옷은 누가 준 것이며, 누리는 모든 영광은 누가 입혀준 것인가? 너희의 자랑이요 면류관인 네 자녀를 너희가 창조하였는가? 너희가 그들에게 지혜와 총명을 주었는가? 내 영광을 위해 창조한 내 자녀들은 지금 어디에 있는가? 왜 내 집이 텅텅 비어 있는가? 내 영광을 위해 창조한 내 자녀들이 어찌하여 어둠 속에서 배회하고 있는가? 왜 그들이 어두움의 종이 되어 있는가? 내가 분명히 단언하건데 그것은 너희 부모들의 어두움이 아닌가? 내가 너희를 위해 내 독자를 내주어 자유롭게 한 것이 세상을 위해서인가? 아니다. 육신을 따르지 않고 그 영을 따라 행하는 내 자녀들을 위함이라. 너희 안에 내 영이 있는지 확인하라. 성경은 무엇이라 말하는가? 무릇 하나님의 영으로 인도받는 사람을 하나님의 아들이라고 하였으니 이제라도 너희가 새겨들어야 할 것은 너희의 때가 많지 않다는 것이다. 나의 말을 멸시하고, 경히 여기고 돌이키지 않는다면 나도 그날에 너희에게서 내 얼굴을 숨길 것이다."

33

우리는 주님의 것

> 우리 중에 누구든지 자기를 위하여 사는 자가 없고 자기를 위하여
> 죽는 자도 없도다 로마서 14:7

주인의 집에는 많은 종이 있습니다. 품꾼도 있고, 삯꾼도 있고, 영원히 종이 된 자도 있습니다. 어떤 종은 주인을 위해 목숨을 바칠 각오로 살고, 어떤 종은 주인을 위해 가족도 희생하고, 또 어떤 종은 주인이 기척만 해도 달려옵니다. 종들은 모두 주인을 위해 일하지만 모든 종이 다 유용한 것은 아닙니다.

주인에게 유용한 종은 주인의 뜻과 물정을 압니다. 주인은 동으로 가려는데 종의 생각이 북에 있으면 안 되는 것입니다. 주인의 뜻은 집을 정리하는 것인데 종들이 계속 집을 확장하고 투자하면 안 되는 것입니다. 주님은 당신의 뜻

을 종들에게 알렸습니다. "내가 언제 갈 것이고, 가면 결산할 것이니 준비하고 있어라. 내가 이곳에서 왕국을 가지고 가겠다. 그러니 너희는 내 왕국을 맞을 준비를 해라."

그런데 이미 스스로 주인이 된 종들은 주인이 오면 자기들의 권리를 빼앗길까 봐 오는 것이 달갑지 않습니다. 왜냐하면 주인이 자기 왕국을 가져오겠다고 했기 때문입니다. 그들은 주인을 몰랐습니다. 주인이 '버리라'고 말씀하실 때 그 의미가 무엇인지 몰랐습니다. 버려본 적이 없기 때문입니다. 그러나 주인의 말을 들었던 자들은 '버리라'는 의미가 무엇인지 순종을 통해 배웠기 때문에 소유의 매임에서, 인생의 많은 묶임에서 자유롭고 하늘에 속한 자가 되어 갑니다.

우리에게 능력 주시는 자 안에서 불가능은 없습니다. 왜냐하면 이제는 내가 사는 것이 아니라, 오직 내 안에 사신 그리스도께서 나를 이끄시기 때문입니다. 그러나 그분이 잠잠하거나 여정을 계속할 마음이 없으실 때가 있습니다. 그럴 때는 우리도 주인과 함께 멈춰야 합니다. 조급해하지 말고 그 침묵의 시간 동안 오히려 잠잠히 그분을 바라보면 좋을 것입니다.

주님은 지금 '끝'을 향해 가고 계십니다. 이대로 걷는 다면 주님은 곧 집에 도착하실 것입니다. 그리고 우리의 여정도 끝날 것입니다. 주님이 그분의 왕국에 도착하시는 날, 이 세상에는 심판이 있습니다. 그래서 앞으로도 주님은 종종 가던 길을 잠시 멈추실 것입니다. 그때 우리는 서둘러서도, 조바심을 내서도 안 됩니다. 급한 마음에 사람에게 보이기 위해 어떤 행동을 취해서도 안 되고 오직 주님께만 시선을 고정하고 주님 곁에 머물러야 합니다. 주님이 가던 길을 멈추시면 우리도 멈추고, 주님이 다시 걸으면 우리도 따라 걸으면서 호흡까지도 주님과 함께할 수 있다면 참으로 복 있는 사람입니다.

아직 그 나라가 오지 않았지만 이제 곧 임할 것입니다. 이제부터는 하나님 나라의 패러다임으로 살아야 합니다. 옛것은 무의미합니다. 이 땅도 이 세상도 지금 우리 눈에 보이는 것은 다 무의미합니다. 이는 마치 나비가 되기 전의 애벌레가 살았던 알집같이, 태아를 출산한 태반같이, 출애굽 한 이스라엘 백성이 걸었던 광야같이 다 지나가는 것입니다. 아직 나비가 되지 못했고, 아직 세상의 빛을 보지 못했고, 아직 약속하신 것을 받지 못했지만 하나님 나라에서는 나비가 되지 않은 애벌레가 없고, 날이 차서 나오지 않은 생명이 없고, 약속을 받지 못한 자가 없는 것은 하나님은 창조주이기 때문입니다.

주님은 말씀하십니다. "내 종들아, 내 자녀들아, 천지와 만물이 내가 하나님 됨을, 창조주 됨을 너희에게 보이거늘 너희는 어찌하여 너희가 주인인 것처럼 행세하느냐? 내가 피조물인 너희를 사랑하여 너희를 자녀 삼아 내 왕국을 준 것이 작은 일이냐? 아니라. 이제는 돌이켜 너희의 자리로 갈지어다. 이는 너희가 누구인지를 알게 될 날이 심히 가까웠음이라. 네 생명뿐 아니라 네 모든 소유물의 주인이신 그가 곧 네 앞에 나타나셔서 결산하실 것이니 들을 귀 있는 자는 들을지어다."

34

질그릇

우리가 이 보배를 질그릇에 가졌으니 이는 심히 큰 능력은 하나님께 있고 우리에게 있지 아니함을 알게 하려 함이라 고린도후서 4:7

마태는 세관에 앉아 있다가 예수님을 따라나섰고, 야고보와 요한은 아버지와 함께 배에서 그물을 깁다가 배와 아버지를 버려두고 예수님을 따랐고, 베드로는 갈릴리 호수에서 고기를 잡다가 그물을 버려두고 예수님을 따랐습니다. 예수님이 그들을 찾아오셨을 때, 그들은 예수님을 알지 못했지만 예수님을 따라나섰습니다. 그들은 신발도 제대로 신지 못했고, 여행을 위한 준비도 없었습니다. 그리고 이 여행이 얼마나 길고, 멀고, 갈수록 좁아지는 여정이라는 것을 전혀 알지 못했습니다. 그 어떤 예비지식도 없었습니다. 그들은 부르심에 순응했고 이는 다른 제자들도 동일합니다.

이것이 예수님께서 그들을 택하신 이유입니다.

세상에서는 계산 빠른 사람이 성공하지만 하나님 나라에서는 그렇지 않습니다. 세상이 보기에 미련해야 하나님 나라에서는 지혜롭고, 세상이 보기에는 초라해도 하나님 나라에서는 귀히 여김을 받는 자들이 있습니다. 왜 하나님의 참된 종들이 하나같이 세상에서 무시당하는 자들이어야 했는지를 우리는 주목해야 합니다. 하나님은 복음이 복음 되게 하시려고 세상의 미련한 것들과 약한 것들과 천한 것들과 멸시받는 것들과 없는 것들을 택하셔서 아무 육체도 하나님 앞에서 자랑하지 못하게 하셨습니다(고린도전서 1:27-29).

우리는 질그릇입니다. 그래서 가릴 것이 있으면 우리의 질그릇 됨을 감추려고 포장합니다. 포장은 우리의 본질이 아닙니다. 하나님께서 예수 그리스도의 얼굴에 있는 하나님의 영광을 아는 빛을 우리 마음에 비추신 것은, 이 보배를 질그릇 안에 두신 것은 심히 큰 능력이 우리가 아닌 하나님으로부터 온다는 것을 알게 하려는 것입니다. 그래서 주님은 자꾸 감추려 하지 말고 차라리 그 시간에 질그릇 안에 담긴 그리스도를 들어내고 자랑하면서 우리의 질그릇 됨을 오히려 기뻐하라고 하시는 것입니다.

주님은 우리의 부르심을 다시 한번 깊이 생각해야 할 때라고 하십니다. 하나님을 위해 살 것인지, 아니면 자기를 위해 살 것인지를 생각해야 합니다. 그러나 이 선택을 하기 전에 영원한 것이 무엇인지를 생각하라고 하십니다. 성경은 영원한 것을 위해 영원하지 않은 것들을 진동할 날이 있다고 말합니다(히브리서 12:26-27). 그래도 우리가 세상을 버릴 수 없다면 하나님은 더 이상 우리에게 강요하지 않을 것입니다.

그러나 하나님의 이름을 붙잡기로 다짐한 자들에게 주님은 다시 물으십니다. "너희는 내가 너희에게 무엇을 명하든 순종할 것이냐? 그렇다면 지금 질그릇을 덮고 있는 모든 포장지를 하나씩 하나씩 제거해라. 네가 온전히 순종했다는 것은 너 자신이 얼마나 뼛속까지 죄인인지를 보게 될 때까지다. 그래서 내가 아니면 결코 소망이 없는 존재라는 것을 스스로 깨닫고 처절함으로 내 앞에 무릎 꿇지 않을 수 없을 때, 그때 네가 내 말에 온전히 반응한 것이다."

항상 하나님 앞에서 사는 자들은, 늘 하나님의 말씀을 따랐던 자들은 일상의 순종을 통해 이미 하나님 나라를 살고 있다고 하십니다. 그들의 소망은 하늘에 있기 때문에 그들은 불타 없어질 땅의 것을 위해 생명을 쓰지 않습니다. 시간은 생명이기 때문입니다. 그래서 세월을 아끼라고, 시간을 주고 영원을 사라고 하신 것입니다.

그 주인이 이르되 잘하였도다 착하고 충성된 종아 네가 적은 일에 충성하였으매 내가 많은 것을 네게 맡기리니 네 주인의 즐거움에 참여할지어다(마태복음 25:21).

그날에 우리는 하나님을 위해 세상에서 미련하고, 약하고, 천하고, 멸시받고, 없는 것이 된 자들에게, 하나님의 이름으로 살기로 뜻을 정하고 세상이 보기에 미련하고 어리석은 자가 되어 주님을 따랐던 자들에게 베푸시는 하나님의 갚아 주심을 보게 될 것입니다.

35

목자와 양

> 내 양은 내 음성을 들으며 나는 그들을 알며 그들은 나를 따르느니라
>
> 요한복음 10:27

하나님 말씀은 확실하고 분명하며, 헛되이 하나님께로 돌아가지 않고, 토씨 하나도 땅에 떨어지지 않습니다. 하나님께서는 예루살렘이 멸망하기 전에 바벨론으로 사로잡혀 간 포로들에게 "너희가 거기서 70년 동안 살 것이니 그곳에서 집을 짓고, 텃밭을 가꾸어 열매를 먹고, 결혼하여 자식을 낳아 번성하라"고 말씀하셨습니다. 그러나 여전히 이스라엘 땅에 남아 있는 왕과 백성에게는 "내가 칼과 기근과 전염병을 보낼 것이고, 그들을 세계 여러 나라 가운데 흩어 학대를 당하게 하고 쫓아낸 나라들 가운데에서 저주와 경악과 조소와 수모의 대상이 되게 하겠다"(예레미야 29:1-18)

라고 말씀하셨습니다. 그리고 하나님께서 말씀하신 그대로 그들에게 이루어졌습니다.

동일하신 하나님께서 "이스라엘이 회복되면 그 세대가 지나가기 전에 인자가 문 앞에 이른 줄 알라"고 말씀하셨습니다(마태복음 24:32-34). 그리고 이 말씀이 오늘 우리 세대에 성취되고 있습니다. 말씀대로라면 이제 곧 주님이 오실 것입니다. 우리가 이것을 받아들이든 무시하든 하나님 말씀은 그대로 이루어질 것입니다. 그러나 대다수의 사람은 관심도 없고, 들으려고도 하지 않습니다. 주님은 그들이 듣지 않는 것은 내 양이 아니기 때문이라고 하십니다. 얼마나 두려운 말씀입니까?

이제라도 우리는 목자의 음성을 들어야 합니다. 목자의 음성이 들릴 때까지 주님을 찾고 찾아야 합니다. "내 양은 내 음성을 듣는다. 푸른 초장을, 쉴만한 물가를 너희는 아느냐? 목자가 자기 양을 이끌고 사망의 음침한 골짜기를 통과할 때, 숨막히도록 부어지는 목자의 숨소리를 아느냐? 이는 내 양을 내 품에 안았기 때문이다. 사망의 음침한 골짜기를 지나 광명한 땅으로 나올 때의 기쁨이 너희 안에 있느냐? 너희는 그 희열을, 그 임재를, 그 쉼을, 그 배부름을,

모든 일에 자족하며 그 어떠한 상황에도 매이지 않는 그 자유를 아느냐? 이는 내 양들만이 아는 언어들이다. 또 '우리가 사방으로 우겨쌈을 당하여도 싸이지 아니하며 답답한 일을 당하여도 낙심하지 아니하며 박해를 받아도 버린 바 되지 아니하며 거꾸러뜨림을 당하여도 망하지 아니한다'(고린도후서 4:8-9)는 바울의 고백은 특별한 사람들만이 하는 고백이 아니라 내 모든 양의 고백이다. 생각해 보아라. 대적의 땅에서 포로 된 자들이 그들이 원한다고 자유의 땅으로 갈 수 있느냐? 아니라. 그런데 왜 너희들은 나를 믿기만 하면 모든 것이 형통해야 하고 어려움이 있으면 안 된다고 생각하여 너희가 매어야 할 멍에까지 번거롭다고 하느냐?"

세상 나라에는 세상의 법이 있는 것처럼 하나님 나라에는 하나님의 법이 있습니다. 법이 있다는 것은 통치자가 있다는 의미입니다. 우리는 범죄해서 저주 아래 있던 자들입니다. 예수께서 우리의 저주 때문에 몸값을 지불하시고 우리를 그 저주에서 풀어주셨습니다. 그리고 왕이 죄인들에게 베푸신 은혜가 무엇인지를 알게 하시려고 율법을 주셨습니다. 거울을 주신 것입니다. 스스로는 자기 얼굴을 비취볼 수 없으니 율법을 통해 은혜를 알고, 그 은혜로 살고 생명을 얻으라고 말입니다.

율법이 아니고는 우리가 어떤 존재인지 알 수 없고, 율법이 아니고는 죄를 알 수 없습니다. 율법을 통해 내가 누구인지, 하나님 나라가 어떤 나라인지 알고 나면 그 깨달음이, 그 지식이 우리를 자라게 합니다. 우리의 죄성과 노예근성에서 벗어나 점점 하나님 나라에 합당한 자가 되어 하나님께 영광을 돌리게 됩니다. 주님은 이것이 우리의 여정이며 그분과 동행하는 것이라고 하십니다.

양은 목자의 음성을 압니다. 이는 목자가 자기 양을 아는 것과 같습니다. 그러나 자녀이지만 다 부모의 음성을 듣는 것이 아니기 때문에 주님은 지금 그들에게 말씀하는 것입니다. 아담이 죄인 된 것은 하나님 말씀을 듣지 않았기 때문입니다. 우리도 하나님 말씀을 듣지 않고 계속 무시하고 멸시하면서 스스로 지혜로운 체하면, 율법의 거울을 보지 않고 계속 세상을 바라보고 세상의 소리를 듣는다면 우리의 나중 형편이 처음보다 더 심할 수 있습니다.

진짜 죄인입니까?

이는 죄가 사망 안에서 왕 노릇 한 것 같이 은혜도 또한 의로 말미암아 왕 노릇 하여 우리 주 예수 그리스도로 말미암아 영생에 이르게 하려 함이라 로마서 5:21

여섯 명의 남편이 있었던 사마리아 수가성의 여인도, 일곱 귀신이 들렸던 막달라 마리아도 막장 인생을 살았습니다. 그 인생 가운데 예수님을 진하게 만났고, 그 은혜로 수치심도 내던지고 담대히 예수를 전하는 복음의 증인들이, 하나님 나라의 주인공들이 되었습니다.

이 땅에서 천국 가는 여정은 절대 쉽지 않습니다. 땅에서 하늘로의 여정이고, 보이지 않는 세계로의 여행이기 때문입니다. 손으로 만질 수 있고, 눈에 보이고, 나의 오감이 느낄 수 있는 이 세상이 진짜 같습니다. 따라가는 것은 고

사하고 이해하기도 어려운 신기술들-수만 킬로미터 상공에 떠 있는 우주정거장과 지상 기지를 오가는 승강기를 만들고, 사람들을 이주시키려고 화성을 개발하고, 사람의 뇌에 전자칩을 넣어 뇌와 기계를 연결하는 등-을 쏟아내는 세상에서, 수천 년 전에 기록된 말씀을 붙잡고 천국 가겠다는 발상은 세상의 눈으로 보면 우스울 뿐만 아니라 망하기로 작정한 자들 같습니다.

그런데 교회도 세상과 별로 다르지 않은 것 같습니다. 클릭만 하면 넘쳐나는 설교와 새로운 이슈가 생기면 인터넷은 온통 그에 대한 말씀과 강의로 도배가 됩니다. 전 세계에서 자료가 쏟아집니다. 그러다 보면 주님 만날 시간도 없고 굳이 만날 필요도 없습니다. 이미 지식으로 충만하니까요. 그러나 하나님 나라는 말에 있지 않고 오직 능력에 있습니다.

> 하나님의 나라는 먹는 것과 마시는 것이 아니요 오직 성령 안에 있는 의와 평강과 희락이라(로마서 14:17).

성경을 꿰뚫고 있다고, 다 안다고 말하는 내 안에 하나님 나라가 임했습니까? 내 안에 임한 하나님 나라가 나를 통해 가정으로, 공동체로, 세상으로 확장되고 있습니까? 살얼음판을 걷듯, 풍전등화와 같은 대한민국의 현실은 그리스도인인 나와 무관합니까? 우리 자녀들의 미래에는 어떤 세상이 펼쳐질지 우리는 알 수 없습니다.

신부는 신랑을 사모합니다. 집 떠난 자녀는 돌아갈 집을 고대합니다. 어떤 사람들은 신랑을 얻기 위해 목숨을 드리고, 어떤 사람들은 하나님 나라에 들어가려고 세상에서 미쳤다는 소리까지 들으면서도 올인하는 데 왜 대다수의 사람은 무덤덤할까요? 내 삶이 그런대로 잘 나가고 있기 때문에 굳이 예수님이 필요하지도 않고, 하나님 나라에 대한 갈망도 없다면 차라리 수가성 여인처럼, 막달라 마리아처럼, 심지어 거라사 광인처럼 막장 인생이 되어 예수가 아니면 숨 쉴 수 없는 자들이 되는 것이 오히려 복이 있다고 하면 궤변일까요?

은혜는 동행으로 들어가는 문입니다. 때가 많지 않음을 인식하고 이제는 뜻을 정하고 내 삶에서 번잡한 일상을 제하고 시간을 내서 하나님 앞으로 나아가야 합니다. 모든 시선을 주님께 드리고, 하나님의 임재를 느낄 때까지 한 시간이고 두 시간이고 잠잠히 그분 앞에 머물러야 합니다. (말씀을 읽어도 좋고, 기도해도 좋지만, 중요한 것은 오직 그분만을 갈망하는 것이다.)

그분의 임재가 나를 덮고, 영의 눈이 열려 예수님의 아름다움과 영광을, 하나님 나라의 영광과 위대함을 보게 될 때, 우리는 죄인에게 임한 하나님의 은혜를 깨닫게 됩니다. 깨달음, 곧 내 안에 선한 것이 하나도 없다는 그 처절함 앞에서 우리는 다시 시작해야 합니다. 그때부터는 천국으로의 여정이 멀고 험해도 그 사랑으로 인해 감사함으로, 때로는 행복을 고백하며 기쁨으로 나아갈 수 있습니다. 우리는 진짜 죄인입니까?

37 ≋

오직 말씀으로

> 너희가 나를 사랑하면 나의 계명을 지키리라 나의 계명을 지키는
> 자라야 나를 사랑하는 자니 요한복음 14:15, 21

교회 가는 주일은 아침부터 바쁩니다. 특히 어린아이들이 있는 집은 더욱더 그렇습니다. 바쁘게 준비하고 교회에 가서 반갑게 인사하고 예배드린 후에 친교나 식사를 하고, 어떤 교회들은 오후 예배까지 드립니다. 예배 후에는 마트에 가거나, 개인적인 만남이나 소그룹 모임을 합니다. 이렇게 지치고 피곤한 몸으로 주일을 보내고 월요일 아침이 되면 어김없이 일어나 학교에 가고 출근을 합니다. 이것이 코로나19 이전의 주일 모습입니다.

코로나19 이후에는 어떻습니까? 사회적 거리두기로 인해 공예배를 제한하는 일이 계속되면서 교회에 가는 부

지런함이 사라졌습니다. 시간에 쫓기지도 않고, 멋지게 차려입을 필요도 없습니다. 편안한 자세와 복장으로, 편한 시간에 예배를 드립니다. 헌금은 편한 시간에 온라인으로 보내면 됩니다. 물론 어떤 이들은 평소에 하던 대로 정한 시간에 단정하고 정숙한 분위기에서 예배를 드릴 것입니다. 그러나 언택트 예배가 일상화되면 얼마나 많은 그리스도인이 예배의 본질을 잃지 않고 믿음을 지킬 수 있을지 모르겠습니다. 다음은 하나님께서 모세를 통해 명하신 안식일 규례입니다.

> 일곱째 날은 네 하나님 여호와의 안식일인즉 너나 네 아들이나 네 딸이나 네 남종이나 네 여종이나 네 가축이나 네 문안에 머무는 객이라도 아무 일도 하지 말라 엿새 동안은 일할 것이나 일곱째 날은 큰 안식일이니 여호와께 거룩한 것이라 안식일에 일하는 자는 누구든지 반드시 죽일지니라 (출애굽기 20:10, 31:15).

지금도 이스라엘에서는 3천여 년 전에 하나님께서 하신 말씀을 지키고 있습니다. 안식일이 시작되는 금요일 저

녁이 되면 모든 거리는 정적 속으로 들어갑니다. 모든 상점과 관공서는 물론 대중교통도 운행하지 않습니다. 우리가 섬기는 하나님과 그들이 섬기는 하나님이 동일하고, 하나님께서 그들에게 주신 말씀과 우리에게 주신 말씀이 동일한데 안식일(주일)의 모습은 이토록 다를까요?

이스라엘 백성은 시내산에서 하나님께 말씀을 받은 후, 이스라엘이 인류 역사 속에서 사라진 A.D. 2세기 초까지 1500년 동안 말씀으로 훈련받았습니다. 말씀에 순종할 때는 복을 받고 사방의 대적에서 벗어나 평화와 안전을 누렸지만, 하나님 말씀을 버리고 다른 신들을 섬기고 경배하면 어김없이 하나님은 그들을 징계하셨습니다. 끝까지 하나님의 말씀을 거역하던 그들은 자기들의 땅에서 뿌리채 뽑혀 열방으로 쫓겨나 말할 수 없는 형극의 세월을 살다가 1900년이 지난 후에야 다시 그들의 땅으로 돌아올 수 있었습니다.

하나님과 우리의 관계는 혈통에 있지 않고 언약에 있습니다. 하나님은 어른이든 아이든, 아시아 사람이든 유럽 사람이든 그가 누구든 상관하지 않으시고 하나님의 말씀으로 각 사람을 달아보십니다.

우리는 유대인을 멸시하는 데 익숙합니다. 우리가 그들을 멸시하는 첫째 이유는 그들이 예수를 죽였다는 것입니다. 그러나 성경에는 그런 말씀이 없습니다. 하나님께서 원하셔서 질고를 당하셨고(이사야 53:10), 예수님도 "나는 양을 위하여 목숨을 버린다"(요한복음 10:15)고 말씀하셨고, 성령도 "그가 우리를 위하여 목숨을 버리셨다"(요한일서 3:16)고 하셨는데 도대체 우리가 누구이기에 삼위 하나님의 증거를 멸시하는 것입니까?

둘째는 그들이 '바리새인', 즉 형식적인 행위주의자라는 것입니다. 예수님도 위선적인 바리새인들을 회칠한 무덤이라고, 독사의 자식들이라고 무섭게 질책하셨습니다. 그러나 예수님도, 바울 사도도 바리새인이었습니다. 우리도 될 수만 있다면 참 바리새인이 되어야 합니다. 예수님께서 "너희가 나를 사랑하면 나의 계명을 지킬 것"(요한복음 14:15)이라고 말씀하셨기 때문입니다. 그러나 우리는 '여호와의 안식일'이라고 하는 주일조차 제대로 지키지 못합니다.

나더러 주여 주여 하는 자마다 다 천국에 들어갈 것이 아니요 다만 하늘에 계신 내 아버지의 뜻대로 행하는 자라야 들어가리라(마태복음 7:21).

성경뿐 아니라 과학과 천지 만물이 '세상의 종말'을 경고하고 있습니다. 그분이 만왕의 왕으로, 심판의 주로 다시 오실 때 '기록된 말씀'으로 모든 교만한 자들을 심판하실 것입니다. 지금은 무엇보다도 말씀과 우리 삶의 심각한 간격을 줄여 나가는 일에 최우선 순위를 두어야 할 때입니다.

38

말씀을 따라가면(1)

> 감추어진 일은 우리 하나님 여호와께 속하였거니와 나타난 일은 영
> 원히 우리와 우리 자손에게 속하였나니 이는 우리에게 이 율법의
> 모든 말씀을 행하게 하심이니라 신명기 29:29

　마지막 때, 혼돈의 시대에 하나님을 기쁘시게 하는 최
선의 삶은 항상 하나님 나라와 그분의 뜻을 구하는 것입니
다. 땅의 모든 영역에 하나님의 통치가 임하기를, 하나님의
뜻이 하늘에서 이룬 것 같이 땅에서도 이루어지기를 기도
하는 것입니다. 하나님은 말씀으로 천지와 만물을 지으셨
습니다. 인간의 죄로 말미암아 모든 피조 세계가 창조의 형
상을 잃어버렸지만, 말씀은 영원하기 때문에 살아 있고 항
상 있는 하나님의 말씀을 선포하면 피조 세계는 다시 살아
납니다.

우리의 눈에는 악이 팽배하고 어두움의 세력이 득세하는 것 같아도 하나님께서 "일어나라 빛을 발하라 이는 네 빛이 이르렀고 여호와의 영광이 네 위에 임하였음이니라 보라 어둠이 땅을 덮을 것이며 캄캄함이 만민을 가리려니와 오직 여호와께서 네 위에 임하실 것이며 그의 영광이 네 위에 나타나리니"(이사야 60:1-2)라고 말씀하셨으면 하나님의 영광이 우리에게 임한 것을 믿고, 어두움이 관영하는 세상에서 일어나 빛을 발해야 합니다.

이스라엘이 사방으로 우겨쌈을 당할지라도 "새가 날개 치며 그 새끼를 보호함 같이 나 만군의 여호와가 예루살렘을 보호할 것이라 그것을 호위하며 건지며 뛰어넘어 구원하리라"(이사야 31:5) 하셨으니 눈에 보이는 상황이 아니라 그 말씀을 믿어야 합니다. 또 하늘을 펴시며 땅의 터를 세우시며 사람 안에 심령을 지으신 여호와께서 "보라 내가 예루살렘으로 그 사면 모든 민족에게 취하게 하는 잔이 되게 할 것이라 그것을 드는 모든 자는 크게 상할 것이라 천하만국이 그것을 치려고 모이리라"(스가랴 12:2-3) 말씀하셨으니 지난 역사 속에서 천하만국이 예루살렘을 치려고 모인 적이 없었다면 그 말씀도 이루어질 것을 믿어야 합니다.

지난 2천 년 세월은 차치하고 오늘날도 이스라엘은 열방의 뭇매를 맞으며 비난의 대상이 되고 있습니다. 온 세상이 한마음으로 미워하는 유일한 나라가 이스라엘입니다. 이 나라와 저 나라가 원수로 지내지만 이스라엘을 미워할 때는 항상 뜻이 맞는 이유는 무엇일까요? 만약 하나님의 이름으로 일컬어지는 다른 나라가 있다면 열방은 또 그 나라를 미워하는 일에 한뜻이 될 것입니다. 세상은 이스라엘을 미워하는 것이 아니라 하나님을 미워하는 것입니다. 그래서 나라마다 방언마다 하나님의 이름 때문에 사람들이 박해를 받고 죽임을 당하는 것입니다.

　　이 세상을 통치하는 하나님의 기준은 말씀이고, 천하만민을 구원하시는 하나님의 중요한 기준은 이스라엘을 축복하는 자를 축복하시고, 이스라엘을 저주하는 자를 저주하셔서 아브라함을 통해 땅의 모든 족속이 복을 얻게 하시는 것입니다. 왜냐하면 이스라엘은 하나님의 이름으로 일컬어지기 때문입니다. 그것은 우리에게도 마찬가지입니다.

　　왜 복음이 들어가는 곳마다 저항을 받습니까? 나라와 나라가 충돌하기 때문입니다. 그렇기 때문에 예수님께서 "내가 강한 자를 결박해 놓았다"라고 말씀하신 것입니다(마태복음 12:29). 우리가 하나님을 대적한 세상 임금을 이기고 갇혀 있는 자들을 구할 수 있는 것은 우리에게 주신 하나님의 이름 때문입니다. 그래서 세상이 하나님의 이름으로 행하는 자들을 미워하는 것입니다. 만약 우리가 세상에서 칭찬받는다면 도대체 우리는 어느 나라 사람입니까?

사람들이 수많은 시간을 투자하고 모든 것을 쏟아부어 좋은 학교와 좋은 직장에 들어가려는 이유는 안정되고 편안한 삶을 살기 위해서입니다. '의식주'의 문제가 우리에게 필수적임에도 성경은 "너희는 먼저 그의 나라와 그의 의를 구하라 그리하면 이 모든 것을 너희에게 더하시리라"(마태복음 6:33)고 말합니다. 이것은 주권의 문제이며, 내 삶의 주체가 누구인가에 대한 것으로 믿음의 근간根幹이 됩니다.

하나님은 말씀하십니다. "내가 범죄함으로 사망의 존재가 된 너희에게 영원한 생명을 주기 위해 너희 대신 생명의 대가를 지불했다. 그러면 지금의 네 생명이 네 것이냐 내 것이냐? 또 내 나라에 들어오려면 예복을 입어야 하는데 그 예복을 누가 주었으며, 어떻게 입을 수 있느냐? 너희의 수많은 죄를 씻어 눈같이 희게 한 것이 누구의 피냐?"

혈과 육은 하나님 나라를 유업으로 받지 못합니다. 그

리고 영적인 것은 영으로 풀어야 합니다. 말씀은 영입니다. 그러므로 우리가 영이신 하나님 나라에 들어가려면 이제부터는 모든 것을 말씀으로 알아야 하고 말씀으로 풀어야 합니다. 내 뜻과 내 생각을 내려놓고 오직 말씀을 따라가야 합니다. 눈앞에 보이는 현실이 아니라 기록된 하나님 말씀을 붙잡아야 합니다. 어두움이 더 깊어지고 캄캄함이 만민을 가리고 미혹의 바다가 우리를 삼키려 할지라도 기록된 하나님 말씀을 따라가면 그 말씀이 능히 우리를 영광의 그 나라로 인도할 것입니다.

39

말씀을 따라가면(2)

> 아침에 나로 하여금 주의 인자한 말씀을 듣게 하소서 내가 주를 의
> 뢰함이니이다 내가 다닐 길을 알게 하소서 내가 내 영혼을 주께 드
> 림이니이다 시편 143:8

느부갓네살 왕은 꿈속에서 본 것을 말해 주지 않고 나라의 모든 지혜자를 불러 그 꿈과 해석을 알게 하지 않으면 다 죽이고 그 집을 거름더미로 만들겠다고 했습니다(다니엘 2장). 청천벽력 같은 일입니다. 세상에서는 미친 인간이 지도자가 되어 온 나라뿐 아니라 온 세상을 뒤집어 놓는 일이 종종 있으니 그에 비하면 이것은 큰일도 아닙니다. 인류 역사 속에서 일어났던 큰 전쟁들 말입니다.

악이 존재하지 않았다면 전쟁은 없었을 것입니다. 가족 간에, 사람 간에 분단과 분쟁이 있는 것은 악이 존재하

기 때문입니다. 악의 근원은 마귀이고 그는 거짓의 아비입니다. 즉 마귀가 역사하는 힘이 거짓이라는 것입니다. 그러므로 우리가 거짓을 분별하고 우리의 삶에서 거짓을 제거하면 마귀는 역사할 수 없다는 영적 이론이 성립됩니다.

'닭이 먼저냐, 달걀이 먼저냐'의 문제가 바로 그런 것입니다. 성경은 분명히 완전한 창조를, 종별種別 창조를 말씀하고 있습니다. 하나님이 하나님의 형상대로 사람을 창조하셨는데 아담이 먼저요, 다음은 하와요, 그다음은 가인과 아벨이요, 그다음은 셋입니다. 성경은 결코 유전자와 유전자가 만나서 한 형질을 이루었고, 알에서 공룡이 나왔고, 알들이 부화해서 바다를 가득 채운 생물이 되었다고 말하지 않습니다. 그런데 에덴에서 하와를 속인 수법으로 거짓의 아비 마귀가 사람들을 속여 세상은 '닭이 먼저냐, 달걀이 먼저냐'를 놓고 창세 이후로 지금까지 싸웁니다. 이제는 진리를 말하면 오히려 비난받는 세상이 되었습니다.

이것이 '죄악이 관영했다'는 것입니다. 죄는 하나님의 기준을 벗어나는 것입니다. 하나님께서 하와가 뱀에게 속은 것을 모르셨을까요? 아시면서 왜 짐짓 내버려두셨을까요? 우리가 아는 것은 창조의 시작에 뱀이 있었고, 우리의 조상 아담과 하와가 하나님 말씀보다 뱀의 말을 들었기 때문에 하나님이 계신 에덴에서 쫓겨났다는 것입니다. 우리는 쫓겨난 자들이고, 돌아가야 할 곳이 있다는 것이 우리의 출발입니다.

이 땅에는 하나님 나라와 세상 나라만 있을 뿐입니다. 하나님 나라는 빛과 사랑과 평화와 영원한 생명의 나라이고, 세상 나라는 때가 되면 불에 타서 영원한 멸망으로 들어갈 시한부적인 것입니다. 마치 사막의 신기루처럼 손에 잡힐 듯하지만 이내 사라져 허망하게 될 것입니다. 하나님께서는 그분의 자녀들이 신기루 같은 세상에서 길을 잃지 않고 무사히 본향으로 돌아올 수 있도록 성경을 길잡이로 주셨습니다.

우리가 하나님의 동산에서 쫓겨난 세월이 6천 년입니다. 어떤 이들은 지구의 나이가 수천만 년, 수십억 년이라고 하지만 그것은 우리가 상관할 일이 아닙니다. 우리에게는 구원을 얻어야 하는 일생의 과업이 있습니다. 이 땅에 사는 동안 범죄함으로 잃어버린 영원한 생명을 다시 얻지 못하면 이 땅에서의 시간이 끝난 후에는 더 이상의 기회는 없습니다. 그러므로 이 땅에 사는 동안 가장 중요하고 우선적인 것은 구원을 얻는 것이고, 그 구원을 위해 거짓의 세상에서 우리가 붙잡아야 할 유일한 것은 참되신 하나님의 말씀입니다.

지난 6천 년 동안 모든 인류에게 이루어진 일은 딱 한 가지입니다. 태어나는 모든 사람마다 간이역 같은 세상을 잠시 살다가 어떤 이는 영생으로, 어떤 이는 영벌로 들어간다는 것입니다. 이 땅에서 조금 더 잘 먹고, 조금 더 잘 살고, 조금 더 고생하고, 조금 덜 고통스럽고의 차이는 분명히 있지만, 우리가 살아야 할 영원의 관점에서 보면 부귀와 영화도, 고난과 고통도 다 한순간이라는 것입니다 (로마서 8:18).

오늘이라는 이 한 날의 선택이 우리의 영원을 결정한다면 오늘 우리가 무엇을 위해 살아야 할 것인가는 너무도 분명합니다. 또 하나님은 우리가 이 세상에서 겪어야 했던 모든 것에 대해 완벽한 보상을 해주시기 때문에 우리에게 일어나는 악들을 허락하십니다. 중요한 것은 오늘의 내 삶, 지나온 과거, 불확실하고 암담한 미래에 대한 모든 것을 하나님께 다 올려 드리고, 과거를 묻지도 말고 미래를 예측하지도 말고 오늘이라는 한 날을 오직 말씀을 따라가는 것입

니다. 거짓의 아비가 다스리는 거짓의 세상에서 오직 참이
신 하나님의 말씀이 인도하시는 대로 하룻길을 뚜벅뚜벅
걸어가는 것입니다.

40

말씀을 따라가면(3)

> 행위가 온전하여 여호와의 율법을 따라 행하는 자들은 복이 있음
> 이여 여호와의 증거들을 지키고 전심으로 여호와를 구하는 자는
> 복이 있도다 참으로 그들은 불의를 행하지 아니하고 주의 도를 행
> 하는도다 시편 119:1–3

우리가 먼저 '하나님 나라와 하나님의 의'를 구하지 않
고 행하는 모든 일은 자기 나라와 자기 의를 세우는 것입니
다. 그러므로 열심을 낼 때 조심해야 할 것은 그 열심 때문
에 오히려 하나님으로부터 멀어질 수 있다는 것입니다. 이
는 마치 종이 주인에게 묻지도 않고 자기 열심을 내는 것과
같습니다. 그러나 종은 종이고 주인은 주인입니다. 주인에
게는 많은 종이 있고 종들의 재능과 역량에 맞게, 또 마음
의 소원에 따라 가장 효율적으로 일할 수 있도록 모든 것을

배려하고 고려해서 일을 맡깁니다. 주인의 뜻은 종의 행복이기 때문입니다. 그러나 어떤 종들은 마음이 없습니다. 그들에게는 모든 것이 일일 뿐입니다. 그 뿌리는 인본주의이며 결국 자기의 왕국을 만드는 것입니다. 세상에서는 인본주의가 멋있게 보이지만 하나님 나라에서는 그렇지 않습니다.

거룩하신 하나님은 우리에게 거룩하라고 명령하면서 성령을 주심으로 우리의 거룩이 되어 주셨습니다. 성령님은 우리 안에 계셔서 범사에 열매를 맺도록 일하십니다. 성령님은 졸지도 주무시지도 않습니다. 그분은 우리가 잘 때에도 우리의 영혼을 돌보십니다. 그분은 밤새 우리 안에서 우리 마음의 정원을 기경하십니다. 그러나 우리는 하루를 시작하면서 그분을 찾지도, 그분께 묻지도 않고 늘 하던 대로 내 생각과 일정대로 움직인다면 성령님은 소멸하십니다. 왜냐하면 성령님은 공의의 하나님으로부터 나오는 영이기 때문입니다.

성령의 열매는 사랑, 희락, 화평, 오래 참음, 자비, 양선, 충성, 온유, 절제입니다(갈라디아서 5:22-23). 그러나 우리 안에서 마음에서 나오는 것은 무엇입니까? 악한 생각, 살인,

간음, 음란, 도둑질, 거짓 증언, 비방입니다. 주님은 이런 것들이 사람을 더럽게 한다고 하시면서, 입술로는 주님을 공경한다고 하지만 마음은 주님에게서 먼 자들이 이런 열매를 맺고 그들의 경배는 헛되다고 하십니다(마태복음 15:7-20). 우리가 마음을 씻지 않으면, 회개하지 않으면 천사의 말을 하고 예언하는 능력이 있어 모든 비밀과 모든 지식을 알고 내게 있는 모든 것으로 구제하고 내 몸을 불사르게 내줄지라도 그 사람에게 아무 유익이 없다고 하시니 얼마나 억울한 일입니까?(고린도전서 13:1-3)

우리는 항상 주님을 위해 이런 일을 한다고 하지만, 내가 지나간 그 자리에 그리스도가 나타나지 않으면 주님을 위한 일이 아닐 수 있습니다. 콩 심은 데 콩 나는 것이 자연의 이치이듯 영의 세계 또한 정직합니다. 세상 나라에서는 거짓과 속임이 통하지만, 하나님 나라에서는 참이 아닌 것은 존재할 수 없습니다.

만물의 마지막이 가까운 지금 그 어느 때보다도 우리 자신을 돌아봐야 합니다. 성경은 "자기 두루마기를 빠는 자들이 복이 있으니 이는 그들이 생명나무에 나아가며 문들을 통하여 성에 들어갈 권세를 받으려 함이로다"(요한계시록 22:14)라고 말합니다. "자기 두루마기를 빠는 자들"은 곧 "자기의 옷을 씻는 자들"NIV, "말씀을 지키는 자들"KJV로서 빛나고 깨끗한 세마포 옷을 입도록 허락받은, 어린 양의 혼인 잔치에 참여할 신부들을 가리킵니다(요한계시록 19:7-8).

우리가 인생이라는 광야를 갈 때 기억할 것은 우리의 여정이 하룻길이라는 것입니다. 그래서 광야에서 하루치의 만나를 주신 것입니다. 광야는 여유분의 음식이 필요한 곳임에도 하루치의 양식만을 거두게 하신 것은 떡보다 중요한 것이 말씀이라는 것을, 하나님 나라의 백성으로 살려면 하나님의 입에서 나오는 말씀으로 살아야 한다는 것을 말씀하신 것입니다.

우리는 영의 존재입니다. 지금은 육체로 있지만 잠시 잠깐 후에 육체의 옷을 벗을 때 하나님 앞에 서는 것은 우리의 영, 곧 속사람입니다. 그 속사람의 양식은 말씀입니다. 아이가 어릴 때는 연한 음식을 먹고 장성하면 단단한 음식을 먹는 것처럼 하나님은 각 사람에게, 속사람의 상태에 딱 맞게 양식을 공급해 주시고, 우리가 그 양식을 충분히 소화했을 때 하나님은 다음의 것을 주십니다. 그런 과정을 통해 우리의 속사람은 그리스도의 장성한 분량으로 자라가고 영

광에서 영광으로 나아갑니다.

그러므로 하나님의 말씀을 매일 먹지 않으면 우리의 겉 사람은 장성해도 그 장성함은 영원한 생명과 관계가 없습니다. 더 조심해야 할 것은 말씀을 부지런히 먹어도 말씀대로 살지 않으면 그 말씀이 지식이 되어 결국 우리의 영혼을 피폐하게 만든다는 것입니다. 마치 음식을 과다하게 먹으면 오히려 비만이 되어 질병의 원인이 되는 것처럼 말입니다.

하나님은 모든 인생에 24시간이라는 동일한 시간을 주셨습니다. 또한 하나님은 우리 각 사람의 분량에 따라 일용할 양식을 공급해 주시기 때문에 그 말씀만 따라가면 우리에게 결코 부족함이 없을 뿐만 아니라 하루의 여정을 마칠 때마다 하늘에는 상급이 쌓입니다. 왜냐하면 하나님은 자기를 찾는 자들에게 상 주시는 분이기 때문입니다.

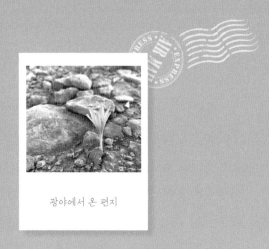

광야에서 온 편지